BIENVENIDA
al club del
DIVORCIO

Aguilar es un sello editorial del Grupo Santillana
www.alfaguara.net

Argentina
Av. Leandro N. Alem, 720
C 1001 AAP Buenos Aires
Tel. (54 114) 119 50 00
Fax (54 114) 912 74 40

Bolivia
Avda. Arce, 2333
La Paz
Tel. (591 2) 44 11 22
Fax (591 2) 44 22 08

Chile
Dr. Aníbal Ariztía, 1444
Providencia
Santiago de Chile
Telf (56 2) 384 30 00
Fax (56 2) 384 30 60

Colombia
Calle 80, 10-23
Bogotá
Tel. (57 1) 635 12 00
Fax (57 1) 236 93 82

Costa Rica
La Uruca
Del Edificio de Aviación Civil 200 m al Oeste
San José de Costa Rica
Tel. (506) 220 42 42 y 220 47 70
Fax (506) 220 13 20

Ecuador
Avda. Eloy Alfaro, 33-3470
y Avda. 6 de Diciembre
Quito
Tel. (593 2) 244 66 56 y 244 21 54
Fax (593 2) 244 87 91

El Salvador
Siemens, 51
Zona Industrial Santa Elena
Antiguo Cuscatlan - La Libertad
Tel. (503) 2 505 89 y 2 289 89 20
Fax (503) 2 278 60 66

España
Torrelaguna, 60
28043 Madrid
Tel. (34 91) 744 90 60
Fax (34 91) 744 92 24

Estados Unidos
2105 NW 86th Avenue
Doral, FL 33122
Tel. (1 305) 591 95 22 y 591 22 32
Fax (1 305) 591 91 45

Guatemala
7ª avenida, 11-11
Zona nº 9
Guatemala C.A.
Tel. (502) 24 29 43 00
Fax (502) 24 29 43 43

Honduras
Colonia Tepeyac Contigua a Banco Cuscatlan
Boulevard Juan Pablo, frente al Templo
Adventista 7º Día, Casa 1626
Tegucigalpa
Tel. (504) 239 98 84

México
Avda. Universidad, 767
Colonia del Valle
03100 México D.F.
Tel. (52 5) 554 20 75 30
Fax (52 5) 556 01 10 67

Panamá
Avda. Juan Pablo II, nº 15. Apartado Postal
863199, zona 7 Urbanización Industrial
La Locería - Ciudad de Panamá
Tel. (507) 260 09 45

Paraguay
Avda. Venezuela, 276
Entre Mariscal López y España
Asunción
Tel. y fax (595 21) 213 294 y 214 983

Perú
Avda. Primavera, 2160
Surco
Lima 33
Tel. (51 1) 313 40 00
Fax. (51 1) 313 40 01

Puerto Rico
Avenida Roosevelt, 1506
Guaynabo 00968
Puerto Rico
Tel. (1 787) 781 98 00
Fax (1 787) 782 61 49

República Dominicana
Juan Sánchez Ramírez, nº 9
Gazcue
Santo Domingo R.D.
Tel. (1809) 682 13 82 y 221 08 70
Fax (1809) 689 10 22

Uruguay
Constitución, 1889
11800 Montevideo
Uruguay
Tel. (598 2) 402 73 42
y 402 72 71
Fax (598 2) 401 51 86

Venezuela
Avda. Rómulo Gallegos
Edificio Zulia, 1º-Sector Monte Cristo Boleita
Norte
Caracas
Tel. (58 212) 235 30 33

ROSAURA
RODRÍGUEZ

BIENVENIDA
al club del
DIVORCIO

AGUILAR

© 1993 y 2006 Rosaura Rodríguez

© De esta edición:
2006, Santillana USA Publishing Company, Inc.
2105 NW 86th Avenue
Miami, FL 33122
Teléfono: (305) 591-9522
www.alfaguara.net

ISBN: 1-59820-507-2

Ilustración y diseño de cubierta: Susanne Ortiz Cebreros

Diseño de interiores: José Luis Trueba Lara

Primera edición: octubre de 2006.

Impreso en Estados Unidos de América - *Printed in the United States of America*

Todos los derechos reservados. Esta publicación no puede ser reproducida, ni en todo ni en parte, ni registrada en, o transmitida por, un sistema de recuperación de información, en ninguna forma ni por ningún medio, sea mecánico, fotoquímico, electrónico, magnético, electroóptico, por fotocopia o cualquier otro, sin el permiso previo por escrito de la editorial.

Índice

1. Cuestión de ceremonias ... 9
   Un muerto parado ... 15

2. ¿Dónde carajo anda mi hada madrina? ... 19
   En bancarrota ... 21
   Un psiquiatra de poliéster ... 23

3. ¿Qué hice de malo? ... 31

4. Una confabulación ... 41

5. En el peor momento ... 47

Bendito el mal cuando estás sola   55

6. Bienvenida al Club   63
   Ni casada ni soltera... divorciada   71

7. De nuevo en el mercado   77
   La primera no es la vencida   82
   El primero después de muchos   85
   Seis años después   88

8. Los sueños, sueños son   95
   De segunda mano   102

9. Sola por elección   111

10. El reencuentro   119

11. Hay que ponerle camisa de fuerza   125

1. Cuestión de ceremonias

¿Así?, ¿sin marcha divorcional?, ¿sin un vestido especial para la ocasión?, ¿sin flores?, ¿sin felicitaciones?, ¿sin familiares ni amigos? Éstas eran sólo algunas de las preguntas que se agolpaban en mi mente cuando la abogada me explicaba el procedimiento de un divorcio. Mi divorcio. No podía dejar de pensar en todos los preparativos que mi madre tuvo que realizar para el acontecimiento más esperado en la vida de una mujer: casarse.

No podía entender y trataba desesperadamente de encontrar el momento en que todo terminó. Cómo, cuándo y por qué eran incógnitas que me ahogaban sin que yo pudiera darles respuesta. ¿A dónde se fue el amor? ¿Qué pasó con aquella sentencia que decía: "hasta que la muerte los separe"? Definitivamente, alguien me engañó, me habían dado gato por liebre y no sabía si culpar a la vida, a la sociedad que inventó una institución llamada matrimonio o al amor que decidió irse sin previo aviso.

No sé por qué, pero cuando pienso en la ruptura, no puedo dejar de recordar cuando mi madre, después de la fiesta de mi boda, tuvo la gentileza de llevarme al hotel donde me esperaba mi recién estrenado esposo. Quizá porque me pareció irreal que, después de tantos años escuchándola a ella y a las monjas Carmelitas, decirme lo malo que era acostarse con un hombre, de pronto, mi propia progenitora me llevara a los brazos de ese pecado. Un pecado que se había convertido en bendición por el simple hecho de que un hombre disfrazado con sotana nos declaró marido y mujer.

También regresaba a mi memoria, como un recordatorio, el famoso cursillo prematrimonial. Con el cura dándonos el consabido sermón sobre la importancia del paso que íbamos a dar, lo pacientes que debíamos ser, las veces que tendríamos que ceder y aguantar para que la relación durara toda la vida. Y el abogado con cara de cura que estaba allí, para hacernos saber nuestros derechos y hablarnos de la parte legal y práctica del matrimonio. En ese momento, me pareció de muy mal gusto involucrar a un abogado en algo tan hermoso como era el hecho de unir mi vida a la del hombre amado. Su presencia allí no tenía nada que ver con el momento que yo estaba viviendo. Yo no necesitaba saber de derechos ni de cosas legales cuando por fin había encontrado al hombre de mis sueños. Me sentía inmune a todas esas palabrerías. Cuando mencionó la palabra divorcio, sentí que le estaba faltando al respeto a mi amor y pensé que ese hombre definitivamente se había equivocado de público. A nosotros eso nunca nos iba a pasar porque nos amábamos y estábamos seguros de que queríamos pasar juntos el resto de nuestras vidas. Eso le pasaba a otra gente; a esos que a lo mejor no se querían tanto como creían o no estaban hechos el uno para el otro, como él y yo.

Y entonces, ¿qué hacía yo ahí?, ¿cuándo llegué a este punto? No lo sé, pero sí estaba arrepentida de no haberle prestado un poco más de atención al abogado que, al fin y el cabo, lo único que pretendía era advertirnos sobre la posibilidad de que algún día solicitáramos los servicios de uno de sus colegas, y no precisamente para consolidar nuestra unión. Sentada allí, en el bufete de la abogada, no podía creer lo que escuchaban mis oídos y estaba empezando a entender que todo matrimonio es un divorcio en potencia. Me parecía una pesadilla en la que yo sólo era una espectadora. Como si nada de lo que estuviera pasando tuviera que ver conmigo.

—¿Cuánto va a durar el proceso?, ¿tomará mucho tiempo? —No me atrevía a mencionar la palabra maldita. Prefería pensar que era cualquier otro tipo de transacción: un préstamo, la compra de una casa. Al final estaba igual de nerviosa.

—Bueno, después de que se pongan de acuerdo es rápido. Ustedes no tienen hijos que, por lo general, es lo que complica las cosas. Calculo que de dos a tres semanas, lo que tome enviar los papeles al juez y en lo que él ponga fecha para disolver el matrimonio.

Esta última frase me sonó a instrucciones de cocina, como disolver azúcar en un vaso de agua. A mí me había tomado la módica cantidad de 22 años encontrar a la persona supuestamente adecuada y dos años más, ponerme de acuerdo con la vida para tomar la decisión de casarme. A ella sólo le tomaría dos semanas usar el disolvente.

—¿Es necesario que yo esté allí el día del fallo?

—Uno de los dos tiene que estar, yo solamente puedo representar a uno. Todo depende de cómo vayan las cosas, porque tú puedes decidir, si la situación se torna fea, contratar a otro abogado; eso, en caso de que no lleguen a un acuerdo.

¡Qué bueno! —pensé—, la cosa todavía no estaba *tan* fea, se podía poner aún peor. Resulta que en lo único en que estábamos de acuerdo, divorciarnos, podía convertirse en desacuerdo. Más claro no podía estar este enredo. Mi esposo y yo, o debería decir mi futuro ex esposo y yo, compartíamos el mismo abogado ya que estábamos seguros de la decisión de divorciarnos o pensábamos que lo podíamos hacer tan civilizadamente que con un abogado nos bastaba. No había necesidad de dos porque no era pelea ni teníamos planeado caernos en la yugular. Esto era una separación y no veíamos que pudiera pasar a mayores.

Después de pensarlo un segundo, decidí que sería él quien iría a la corte. ¿No habían sido mis padres quienes se encargaron de todo lo relacionado con la boda? Bueno, pues el divorcio estaría a cargo de él. Salí del bufete como si me hubieran sacado las entrañas del cuerpo. En mi mente retumbaban las últimas palabras de la abogada.

—A ti, si no asistes a la corte, el juez te notificará por correo la disolución de tu matrimonio.

Así que mi divorcio me iba a llegar igual que la cuenta de la luz o la del teléfono. Como si tuviera que pagar por el atrevimiento de haber creído en el amor. Definitivamente, la vida moderna avanzaba mucho más rápido que los sentimientos.

¿Cómo era posible que el amor, los sentimientos y la simple necesidad de compartir tu vida con otra persona, estuvieran en manos de abogados, curas, jueces y del sistema de correos? ¿Por qué me había sido tan fácil formar parte de una ceremonia llamada matrimonio y no me podía hallar en esto llamado divorcio?

La verdad es que siempre estuve preparada para contraer matrimonio. Así como lo estuve para hacer la primera comunión, para mi confirmación y hasta lo estoy para eventualmente recibir los santos óleos. Pero nadie me preparó para divorciarme porque, hasta este momento, a nadie se le ha ocurrido inventarle una ceremonia al divorcio, a pesar de que en los últimos años se ha convertido en parte obligada de la vida de muchos. Como no existe, al final nuestro caso es tratado en una corte igual que cualquier otro delito o violación de la ley. Pero aunque no sea un culto ceremonial patentado, para mí este divorcio era una mezcla entre un matrimonio y un sepelio.

Era un matrimonio, con la diferencia de que las flores se trasformaron en espinas, las invitaciones en simples balbuceos de "ya no estamos juntos", las felicitaciones en apagados "lo siento", y la esperada ceremonia en una notificación por correo. Y como no es considerado un motivo de celebración y no se supone que uno envíe tarjetas anunciando un divorcio, la realidad es que se acerca mucho más a la muerte y se le debería hacer algo parecido a un entierro. Al fin y al cabo, es igual de doloroso, igual de inesperado y conlleva una pérdida.

Un muerto parado

Recuerdo la primera vez que me enfrenté a mi nueva condición de divorciada como uno de los momentos más incómodos que he vivido. Porque es muy fácil contárselo a las personas que te han acompañado durante el proceso, pero soltarle la noticia a alguien que piensa que tu matrimonio es de exposición, te hace sentir como una farsante que ha estado engañando al mundo entero y sobre todo a ti. ¿Cómo decirlo sin que suene dramático?, ¿cómo evitar que te pregunten por él, si por asociación es lo primero que hacen?

—Y tu marido, ¿cómo está?
—Bueno, la realidad es que ya no está.
—¿Cómo?, ¿qué pasó?

—Nos estamos divorciando.

—Cuánto lo siento, pero como veterano de estos asuntos, el mejor consejo que te puedo dar es que lo trates como una muerte.

Aunque parezca morboso y fuera de lugar, éste fue uno de los mejores consejos que recibí en los inicios del proceso. En cierta forma es cierto y tiene muchas similitudes. Es una tragedia, existen los mismos sentimientos de pérdida, te culpas por las cosas que hubieras podido hacer para salvarlo y la gente quiere saber qué pasó. Cuando te casas se asume de inmediato que lo haces por amor; nadie te pregunta las razones que te llevan a esa decisión. Pero cuando te divorcias, al igual que cuando alguien se muere, las personas a tu alrededor te miran con pesar y quieren saber qué fue lo que acabó con la vida de ese matrimonio que parecía tan saludable. Las respuestas también pueden ser parecidas: sufrió un infarto y el corazón le dejó de latir por mí, o viceversa, el corazón me dejó de latir por él. Tuvo un accidente y chocó con una mujer más joven que yo o, simplemente, venía muy mal, con muchos síntomas y no tenía cura. Cualquiera que sea la razón, el final es el mismo, esa persona ya no está a tu lado.

Y es que un divorcio es la muerte de un amor y como tal hay que tratarlo. De igual forma tiene su periodo de luto, el cual puede ser largo, doloroso y desesperante. Éste era mi nuevo lema: *hacerle duelo a mi muerto* y estaba lista para enfrentarme a esta tragedia en mi vida.

Pero todo se fue al traste cuando me di cuenta de que tenía un pequeño problemita. Mi muerto está vivito y coleando. Cada vez que me visitaban la soledad y la añoranza, me era mucho más fácil tomar el teléfono y llamarlo, que buscar una médium para que me comunicara con él en el más allá. No existía el sacrilegio de imaginarme a mi muerto en el cielo con otra mujer y mucho menos esperaba que me llamara para consultarme las cosas que se quería llevar en el ataúd. Porque sin lugar a dudas, a mi muerto le hubiera tocado comprar un cajón tipo camión para llevarse las alfombras, los cuadros y el equipo de sonido con el que planeaba escuchar música celestial en su otra vida. De todas formas, con muerto acostado o parado, nuevamente debía enfrentarme sola a la vida y aceptar que había llegado la hora de la verdad.

2. ¿Dónde carajo anda mi hada madrina?

Aceptar que mi matrimonio se había acabado, estaba resultando una de las partes más duras de esa etapa de mi vida. Significaba asumir que el sueño que me vendieron de niña, aquél de ser felices para siempre, era una gran mentira. Era romper de golpe y sin aviso con todos los cuentos de hadas que son la base de las grandes historias de amor. Era enfrentarme a la gran desilusión de saber que si no existen segundas partes de estos cuentos, era porque ya no serían de hadas, sino de tragedias. Era darme cuenta de que la historia funciona al revés: el príncipe se convierte en sapo. No hay nada bueno qué contar después de las doce campanadas y lo más seguro es que la Bella Durmiente del Bosque, después de haber disfrutado de las hieles conyugales, hubiera preferido haberse quedado dormida cien años más en vez de tener que soportar a ese hombre. Y sin lugar a dudas, Cenicienta volvería, con el mayor de los gustos, a aguantar a la madrastra con tal de no verle la cara al príncipe, lavaría todos los pisos de la tierra y hasta envidiaría a las hermanastras por tener los pies tan grandes y no haber podido calzar la famosa zapatilla de cristal.

Mi propia historia se había convertido en una mezcla contradictoria de todos estos cuentos. Me desperté del sueño, pero no precisamente para encontrarme con un príncipe, y me sentía más como las hermanastras de Cenicienta que como la protagonista. En pocas palabras, todas las brujas de los cuentos de hadas se habían confabulado para desgraciarme la vida y quién sabe dónde carajo andaba mi hada madrina. Si el final feliz no existía, si el "vivirán felices para siempre" no era la conclusión de la historia, entonces, ¿qué había después?, ¿dónde estaba el cuento que hablaba de una princesa a la que la historia de amor le salió mal? ¿Será que en la vida real el amor es una sucesión de cuentos que terminan con un final que no siempre es feliz para volver a empezar con el capítulo número uno? ¿Se puede volver a tener fe en el amor cuando ya nos ha demostrado que no dura para siempre?

Sin embargo, ésta era una parte de la ruptura que yo podía manejar. Ya se encargaría Cupido de volverme a clavar la flecha y venderme el cuento de "vivirán felices para siempre". Yo ya estaba muy crecidita para pensar que la vida era un lecho de rosas, que existe la felicidad eterna y que el amor triunfa siempre. Ya no era una niña y con este golpe tenía que aprender a ser más realista, sobre todo cuando estaba ante la palabrita más temida para el ser humano, el fracaso. Sí, el fracaso, porque el matrimonio no es más que una sociedad donde en vez de invertir dinero inviertes sentimientos. Éstas fueron las palabras de mi psicoanalista que acabaron por derrumbar toda mi fortaleza. Mirándolo así, el negocito me había salido muy mal.

En bancarrota

Pero, ¿cómo? Si siempre llevé bien las cuentas. ¿Era un mal negocio desde el principio o simplemente me equivoqué de socio? No, el error definitivamente estuvo en aquello de invertir sentimientos. No pensé con la cabeza. En ese momento, el análisis corrió por cuenta de mis hormonas y de mi corazón, y admito que hasta de mi vagina, de todo menos de lo más importante: la cabeza. Pero ya no había nada que hacer al respecto y debía enfrentar esta bancarrota emocional. Me encontraba rodeada de números rojos y con la nada agradable perspectiva de decirles a mis padres que ese hombre, del cual mi corazón les dio las mejores referencias, me había desfalcado.

Esperaba impacientemente a mis acreedores, sin saber que no iban a llegar de ningún lado. En este negocio sentimental, las deudas las tienes contigo y, lo que es peor, con la vida. Nadie te obligó a negociar, por el contrario, mucha gente te advirtió sobre el paso que ibas a dar. No tienes a quién culpar porque, al fin y al cabo, no existe una mala cosecha amorosa ni te encuentras en medio de una crisis emocional de tu país, en la cual tus acciones amorosas definitivamente no aparecen en la bolsa de valores.

Y entonces, ¿dónde aparecen?, ¿existe un lugar en el que te puedan explicar por qué fracasó tu negocio y te enseñen a invertir mejor la próxima vez? Algo parecido a una de las compañías donde inviertes tu dinero y decides si quieres una inversión segura y conservadora o una de alto riesgo. Eso era lo que yo necesitaba en ese momento: entender mi inversión y dónde estuvo el riesgo. Pero no hay duda de que esto del negocio sentimental es algo nuevo para el mundo de las altas finanzas y, por tanto, apenas están saliendo algunos estudios que te ayudan a no confiar tanto en las referencias del señor llamado corazón. Y la experiencia me estaba enseñando que este señor no era el mejor consejero cuando se trataba de inversiones, mucho menos si son a largo plazo.

De todas formas, mi problema no era volver a invertir, sino intentar que las pérdidas fueran las menos posibles. Recoger los pedazos de mi fallido intento para recuperar mi autoestima, mi amor propio y la seguridad en mí. Para lograrlo tenía que buscar ayuda y recurrir a alguien que me enseñara a poner en orden el balance de mi cuenta emocional. Pero, ¿a quién? Pues al mismo que me metió en la cabeza la idea de que el matrimonio era como un negocio y que yo había fracasado como negociante.

Un psiquiatra de poliéster

A veces me parece que el divorcio no es más que una serie de cuartitos decorados conservadoramente y con un consabido sillón de cuero. Lugares totalmente impersonales, donde gente que nunca había visto en mi vida se tomaba el derecho de decidir por mí. Personas ajenas a mi rollo mental y emocional, pero que aparentemente eran las que tenían la solución en sus manos. Una que culminaba fríamente con años de mi vida, hablándome de procedimientos legales y mostrándome papeles llenos de un lenguaje que me hacía sentir más bien destinada a la silla eléctrica por el delito de ser una ilusa que en un proceso de divorcio. Y la otra, ayudándome a entender el proceso, a seguir adelante, convenciéndome de que yo no había hecho nada malo al invertir tanto dinero en el negocio, sino que había invertido en la persona equivocada. Me preguntaba si en realidad había invertido mal o si en su momento había sido una magnífica inversión que con el tiempo dejó de dar dividendos. Como si hubiera montado un negocio de casetes Betamax, que con la llegada del VHS se convirtiera en algo obsoleto. Según la reflexiones de mi asesor emocional, sólo el tiempo me daría las respuestas.

¡Qué manía la de la gente de esperar que el tiempo lo resuelva todo! "Dale tiempo al tiempo". "El tiempo se encargará de sanar las heridas". "El tiempo es sabio". Pues para mí, el tiempo se estaba caracterizando más por su lentitud que por su sabiduría. Y más sentada allí, mirando afiches enmarcados de alguna exposición del museo Metropolitano de Nueva York, con una caja de pañuelos desechables a mi alcance, que mi psiquiatra esperaba empapara con mis lágrimas —de eso estoy segura— y aguardando la llegada de ese hombre de corbata con camisa de manga corta y pantalones *terlenkudos*.

No sé por qué me molestaba tanto que usara pantalones de poliéster. Quizá porque en mi confusión mental pensaba que si no tenía criterio para vestirse, a lo mejor tampoco lo tenía para desnudar mis temores. O tal vez, porque en estas ganas de estirar el tiempo, lo único elástico y flexible eran sus pantalones.

Pero en fin, todas mis esperanzas estaban puestas en él y allí me encontraba, por primera vez en mi vida, delante de un psiquiatra y dispuesta a contarle mis más íntimos secretos. A cien dólares la hora, lo mínimo que podía hacer era quejarme de lo mal que me sentía. ¡Qué manera de ganarse la vida! ¡Oyendo los problemas de otros! Se me hacía deprimente que alguien, después de haber ido tantos años a una universidad, se sentara en un sofá a oír quejas llenas de dolor. Porque al final, el trabajo de mi psiquiatra se reducía a escucharme y yo tenía muchas cosas que decir.

Empecé contándole todos los sentimientos de frustración, decepción e impotencia que experimentaba. De los fines de semana que me pasaba llorando y de lo poco que me importaba lo que había a mi alrededor.

—La verdad es que no encuentro motivación en nada.

—Eso es normal, estás pasando por un momento difícil, de cambios; y los cambios nos dan miedo, y el miedo paraliza.

En un arranque de dramatismo digno de un guión de telenovela mexicana, concluí:

—Creo que le he perdido el amor a la vida.

—¿Por qué piensas eso?

—Porque lo único que quiero es acostarme a dormir y no volverme a levantar. ¿También eso es normal?

—Es un mecanismo de defensa que tenemos todos los seres humanos, sólo estás tratando de evadir la realidad.

—¡Qué bueno! yo pensaba que estaba teniendo pensamientos suicidas.

—¿Y qué más sientes?

—Ahora el dolor se me está saliendo y se me está reflejando en todo el cuerpo.

—¿De qué manera?

Me encanta la forma tan impersonal y abstracta

con la que toma todo lo que le digo. Me pregunto si habrá algo que lo saque de sus casillas.

—Pues yo siempre oí decir que el corazón dolía y es verdad, cuando tienes una pena muy grande, duele. Además, me están dando unos pequeños ataques de ansiedad, pero lo peor no es eso.

—¿Qué es lo peor?

—Me regocijo en mi dolor, quiero sentirlo y me estoy metiendo como un bólido en un círculo de autocompasión. Estoy a un paso de ser una masoquista oficial.

—Eso no es malo. Por el contrario, significa que estás entrando en contacto con tu dolor, que has aceptado lo que te está pasando. El dolor no es malo mientras los sepas manejar y lo dejes fluir para que cumpla con su curso. Y la autocompasión sólo se puede convertir en un problema cuando la adoptas como forma de vida.

—¿Y cómo se maneja el dolor?

—Empieza pensando que, al igual que la alegría, pasa y es parte de la vida.

La verdad es que en este momento no pienso que sea parte de la vida, sino la vida. Nacer duele, crecer duele, tener hijos duele y amar duele. Seguramente por eso, Aurora Dupin dijo que Dios había puesto el placer tan cerca del dolor, que muchas veces lloramos de alegría. Pues a mí, Dios me había puesto el dolor tan cerca del placer que me estaba convirtiendo en masoquista, porque eso de sentirme víctima me estaba empezando a gustar.

—Le estoy hablando de las noches en vela pensando en el pasado y en lo que no pudo ser.

—¿Y en qué cosas piensas?

—En las cosas bonitas que viví con él y en todos los planes que teníamos para el futuro. Me parece que todo eso lo he perdido.

—No has perdido nada. El pasado lo tuviste y siempre estará contigo y el futuro nunca lo tuviste, no ha llegado, nunca fue. De ahora en adelante, quiero que intentes vivir al día. No pienses en el pasado y no te preocupes por el futuro.

¡Qué bien! Según este principio ahora tenía que convertirme en una mujer sin pasado y sin futuro, título perfecto para una telenovela venezolana, pero para una persona para quien el presente no es precisamente el mejor momento deportivo de su carrera por la vida, la expectativa es aterradora. Mi presente no me gustaba mucho.

Pero eso sí, mi psiquiatra y yo nos estábamos convirtiendo en la combinación perfecta: una masoquista en manos de un sádico. Pero como si padeciera el síndrome de Estocolmo, en el que una termina enamorada del secuestrador, empezaba a sentirme identificada con mi verdugo. Después de la tercera sesión ya no me molestaban sus pantalones *terlenkudos* y hasta disculpaba con ternura su mal gusto para escoger las corbatas. Me daba la impresión de que estaba llegando a ese punto en el que la paciente se enamora del psiquiatra. Gracias a Dios, empezamos a ahondar en mi niñez y después de descubrir que mi fascinación por los alicates para las uñas se debía a que de chiquita una tía no me dejaba usar los suyos, y que mi afán compulsivo por comprar zapatos se debía a lo horrorosos que me parecen mis pies, decidí que este rollo del psicoanálisis me estaba enredando más la vida. Yo no tenía nada que ir a buscar en mi infancia, bastantes problemas tenía en mi presente. Además, siempre fui una persona aceptablemente estable, hasta que me enfrenté al monstruo de los años noventa: el divorcio.

3. ¿Qué hice de malo?

No sabía cómo iba a decírselo a los demás. Lo primero era convencerme a mí de que un divorcio no era un pecado. En mi interior se mezclaban sentimientos de culpa, vergüenza y la inexplicable sensación de haberme quitado un peso de encima. Sabía que me harían muchas preguntas y no estaba preparada para contestarlas. Ensayaba la historia que podría contar, como si se tratara de un libreto que debía aprenderme y repetir más de una vez.

Me preguntaba si había luchado lo suficiente por mi matrimonio y me sentía como un náufrago que ha perdido el horizonte. En resumen, era como una niña que ha roto una porcelana en casa ajena. Ya me imaginaba a los dos bandos: por un lado, la dueña de la casa defendiéndome, aunque no le gustara la situación y, por el otro, mi madre regañándome por haber cometido tal torpeza. ¿Pero por qué me sentía así?, ¿no era yo una víctima en todo este proceso?, ¿qué hice de malo?

Pues nada menos que no seguir las reglas preestablecidas de la sociedad y la religión: no mantener un matrimonio hasta que la muerte nos separara y no aguantar hasta el cansancio. A lo mejor ese famoso "hasta que la muerte los separe" tenía más que ver con el hecho de dejar la vida luchando por tu matrimonio, que con esperar a que Dios nos mandara buscar cuando le diera la gana. La verdad es que estaba más cansada de tratar de evitar el divorcio que de tratar de mantener mi matrimonio. Así que no me quedaba más remedio que asumir que ésta era la decisión correcta para mí y al resto del mundo, no le quedaba más que aceptarla como algo irrefutable.

Es más, en algún lugar leí que las decisiones más duras y las correctas casi siempre son las mismas. Por eso sentía que estaba haciendo lo debido por mucho que me doliera en el alma, que el gran fracaso no era divorciarme sino seguir en una relación que no funcionaba para los dos y que contrario a lo que piensa mucha gente, uno no se divorcia porque sea la salida fácil. En carne propia aprendí que cuando se llega a ese punto es porque ya se agotaron todos los recursos o porque la decisión no está en las manos. Pero esto es muy difícil de entender para los demás, para los que mantienen relaciones felices, para los que nunca se han enfrentado a la posibilidad de un divorcio.

La primera sorpresa fue la reacción de mi familia. Aceptaron mi divorcio civilizadamente, por lo menos de la boca para afuera. Sabía que lo menos que esperaban de una hija nada problemática, que siempre cumplió con los estatutos del buen gusto y la decencia, era verla pasar por este proceso, pero estaban de acuerdo en que si ya no era feliz, lo mejor era terminarlo. Por supuesto, mi "ex" pasó de ser un gran hombre a *ése* con quien te casaste.

Pero no todo iba a ser color de rosa, y cuando decidí viajar a visitarlos en un arranque de añoranza, en un deseo instintivo de sentirme querida, de pertenecer a algún sitio, me encontré con otra realidad: la de la vergüenza.

—¿No se lo habrás dicho a Clarita en el avión?

—¿Decirle qué, mami?

—Lo de tu separación. Porque si se lo dijiste, mañana lo va a saber todo el mundo.

—Mami, creo que ya es hora de que se enteren. Así es mejor. ¿Tú no se lo has dicho a nadie?

—No.

—¿Y entonces cómo vas a explicar que él no venga a pasar navidades con nosotros como todos los años?

—Pues dije que este año le toca estar con su familia.

—Pero, no entiendo. ¿Por qué hay que mentir? Yo no he hecho nada malo. No soy ni la primera ni la última persona que se divorcia.

—Yo no he dicho que tú hayas hecho algo malo, pero no veo la razón para irlo pregonando.

—Es que te da vergüenza.

—Estás loca. Claro que no.

—Admítelo, mami, te da vergüenza y por eso no quieres decírselo a nadie. Estás actuando como si yo hubiera matado a alguien.

—Estás exagerando. Simplemente no veo la razón para ir diciéndolo. Es una situación muy incómoda.

—Pues si no es cuestión de vergüenza, sino de incomodidad y lo que te cuesta es decirlo, ¿por qué no lo publicas? ¡Sí, no me mires así! ¿Te acuerdas cuando me iba a casar y me negué a que enviaras tarjetas de participación porque me parecía que les estabas diciendo "mi hija se casa, pero no los estoy invitando"?, ¿te acuerdas que pusiste en la página social del periódico la participación? Bueno, haz lo mismo ahora. Particípales a todos que me divorcié. Fíjate, ahora sí tiene sentido porque no hay fiesta ni celebración y nadie se va a sentir porque no lo hayas invitado.

—Te estás burlando de mí.

—No, mami, me estoy burlando de la situación.

Era un hecho. Para mi madre, el divorcio se había convertido en algo de lo que nadie se debería enterar por su boca. Prefería quedar como idiota y que todos lo supieran mientras permanecía ajena a la situación. Creo que para ella, yo había cometido un delito. No sabía cómo manejar la situación y yo prefería estar metida en la cárcel que empezar a sentirme una delincuente común sin razón y sin motivo.

No sé por qué la vergüenza rodea e invade circunstancias en la vida que están fuera de nuestro control. Lo mismo pasa cuando alguien se enferma de cáncer. Por alguna razón desconocida, les da vergüenza decir que están pasando por esa enfermedad tan horrorosa. Se encierran, lo ocultan, lo convierten en un misterio como si hubieran cometido un pecado. Pues a mi matrimonio le había entrado un cáncer terminal y no pude hacer nada para salvarlo.

Al final, me sentía igual que cuando el enfermo muere, triste pero aliviada de que ya descansara en paz.

Decidí que a partir de ese momento hablaría de mi divorcio desde un punto de vista optimista. Es más, estaba empeñada en verlo de otra manera, no como el final de algo, sino como una transición. Como si hubiera dejado el trabajo que hacía porque ya no llenaba mis expectativas, porque no veía las posibilidades de crecer como profesional, porque el jefe me hacía la vida de cuadritos y no me había quedado más remedio que renunciar. En la renuncia no existía vergüenza ni desasosiego. Era una nueva etapa en la que tenía que replantearme mi carrera emocional para no cometer los mismos errores.

Sin duda, el acto más iluso que podía cometer, porque quien crea que puede hablar optimistamente de la ofensa cometida, debe estar fuera de sus cabales. No importaba que quisiera convencerme de que éste no era el final del mundo y de que no era culpable de ningún delito. Para el resto de la humanidad, un divorcio iba en contra de las leyes de la sociedad, de la iglesia y de Dios. Y si ya era considerada una inconsciente por haber caído en una separación y no haber dejado mi vida en el matrimonio como lo hace la gente decente, el creer que esto fuera sólo una transición me convertía, oficialmente, en una loca de atar. Sentía que debía pedirle perdón al mundo entero, empezando por el mismísimo Dios. Porque aunque él en persona no me hubiera dado su bendición, a mí me dijeron que me casé ante su presencia. Sin embargo, creía que él me comprendería mejor que nadie, ya que siempre escuché decir que estaba en todas partes y, por tanto, lo tenía como testigo presencial de mi odisea. Si alguien sabía que yo no era culpable, ese alguien era Dios.

También sentía que le tenía que pedir perdón a una sociedad a la que le había fallado, ya que una niña bien y decente no comete esa clase de imprudencias. Pero con la sociedad me sentía un poco más en paz y a salvo; al menos tenía la tranquilidad de que no dependía de ella mi entrada al cielo. Además, el divorcio estaba siendo aceptado, aunque a empujones, por esa misma sociedad.

Para mi familia, yo era la primera persona que había osado cometer este delito. No existían antecedentes, no sabían cómo manejar la situación y se debatían entre compadecerme o hacerme sentir que lo que estaba pasando no era tan malo. Les preocupaba enormemente mi estado emocional y civil. Eran muchas las divorciadas que le habían dado una pésima fama al título y les aterraba que me convirtiera en una de ellas. Por otro lado, estaba mi futuro. Un futuro que ellos creían, tenía asegurado por el simple hecho de tener un marido al lado y ahora no sabían qué sería de mí.

En cierta forma, era como si hubiera entrado a un libro de Dante, todas mis opciones de vida eran aterradoras para mi familia. Podía quedarme sola como lo habían hecho mi abuela y mi tía al enviudar, porque lo correcto era dar por terminado todos los menesteres del alma y del cuerpo. Pero mi muerto no estaba acostado, no podía idealizarlo como lo hicieron ellas y mucho menos vivir de su recuerdo, cuando lo que más anhelaba era olvidarme de él y ponerme en paz con los años fatídicos del matrimonio. También cabía la posibilidad de que me volviera a casar, pero ésta implicaba volver a salir con hombres y correr el riesgo de que en la búsqueda se me atravesara más de uno y mi reputación se fuera para el carajo. No, si al final, la mejor opción que tenía era regresar con mi ex por aquello de que más vale malo conocido, que bueno por conocer.

Sin embargo, las cosas estaban cambiando, y aunque para mi familia era un tema nuevo, la realidad es que el divorcio se estaba convirtiendo en una solución de vida para mucha gente. No sólo pasaba en Hollywood y no era un mal exclusivo de los artistas como ellos habían creído. Su hija era la prueba fehaciente de que esto le puede pasar a todo el mundo y, si miraban alrededor, verían los primeros brotes de una epidemia que amenazaba con convertirse en el pan nuestro de cada día para mi generación.

Así que, con Dios como testigo y la sociedad como cómplice, me enfrenté a mi madre en mi propio juicio por el delito de divorcio. No sé si lo gané, no sé si le hice entender que no tenía caso, pero creo que al final venció el amor de madre y logré convencerla de que lo único que necesitaba de ella era su comprensión para seguir adelante y empezar de nuevo.

4. Una confabulación

Empezar de nuevo. ¡Qué fácil suena decirlo y qué difícil es siquiera intentarlo! ¿Por dónde empiezas si todo parece confabularse para recalcarte que estás sola y que ése no es precisamente el estado ideal de un ser humano?

Si una decide hacer algo tan normal como escuchar la radio, ¡bingo! Casi todas las canciones hablan de despedidas, del dolor que deja el amor, y de las heridas incurables. Definitivamente los compositores son una partida de sadomasoquistas con la única intención de que una se corte las venas o se cuelgue una piedra al cuello y se tire al mar. Trato de recordar canciones que hablen de volver a empezar, de heridas cicatrizadas y de nuevos amores, y nada. Al contrario, la cosa se pone peor porque si no le están cantando al adiós y al amor que se fue, se dedican a restregarnos en la cara que están viviendo el mejor amor del mundo, que no tienen palabras para agradecer la presencia de esa persona en sus vidas y que la vida no tendría sentido sin esa persona al lado porque serían nada. Lo que me lleva inmediatamente a la categoría de ser una *nada*, que no tiene nada que agradecer porque no tiene a nadie. ¿Dónde están las canciones dedicadas a las épocas de transición en el amor?, ¿a esas etapas en las que sólo quieres poner el pasado atrás, pero no tienes ningún interés en volver a empezar?, ¿en las que tu mayor esfuerzo radica en reconstruirte, en invertir en ti sin que el amor forme parte de la ecuación? No lo sé, pero aparentemente mi estado no ameritaba que le compusieran una canción. De algo sí estaba segura, la radio no era una buena compañía para mí en esos momentos, así que mejor me buscaba otro medio de distracción.

La cuestión empeoró, porque si la radio era como cuchilla de afeitar o ácido para las heridas —que para el caso es lo mismo—, a la televisión se le debe abrir un juicio por discriminación. Sí, los comerciales y quienes los crean están en contra de la gente sola y divorciada. Para ellos no existimos, nos ignoran. El desodorante de ella es tan fuerte que lo puede usar él; las mentas no son para quitar el mal aliento, sino para besar por horas; el café es más aromático si él te lo lleva a la cama y el champú surte más efecto si él te da un masaje. Y ni hablar de comer, porque todas las comidas implican familia. Mínimo un hombre y una mujer sentados a la mesa en una imagen digna de postal navideña. Mi destino era triste, porque las únicas propagandas con mujeres solas, las muestran aspirando las alfombras o limpiando con ese maravilloso nuevo producto que quita la grasa y deja los vidrios como nuevos.

¿Y qué se suponía debería hacer yo?, ¿no usar desodorante, no comer mentas, no tomar café, volverme anoréxica y dedicarme a la vida de Cenicienta en una limpiadera constante hasta que encontrara a alguien que quisiera vivir conmigo en una eterna propaganda?, ¿dónde quedaron los tiempos en los que una solita se ponía champú en un acto puro y necesario de higiene y en los que comer era un acto de sobrevivencia?

Y si todo esto fuera poco, que ni se te ocurra a una llenar un formulario. Ésos no son más que un recordatorio de tu nueva condición y están hechos para amargarte la vida. Tu nombre ya no aparece unido al de nadie; en la casilla de estado civil hay que poner divorciada y en la de sexo, ¿qué esperan que tache?, ¿nulo? Porque al final, eso era lo único que seguía vigente.

Tampoco la palabra de consuelo ayuda mucho. "No te preocupes que matrimonio y mortaja del cielo bajan". ¡Qué bien!, tenía las mismas probabilidades de morirme que de casarme otra vez y, ultimadamente, ¿quién quería volver a meterse en el lío que me llevó al divorcio?, ¿o será que este dicho incluye las dos sentencias juntas porque al final acaban siendo lo mismo?

Sin embargo, los amigos y la familia no cesan de intentar levantarte los ánimos, queriendo hacerte creer que lo que vives no es tan malo y que después, en un futuro no muy lejano, te vas a reír de todo esto. No se dan cuenta de que una no quiere oír que esto va a pasar ni quiere que traten de restarle importancia, una quiere que se unan al dolor y la pérdida. Pero eso es tan difícil para la gente que no ha pasado por algo tan horrible como un divorcio. Nadie que no lo haya vivido puede entenderlo, porque aunque pase el tiempo, el dolor se vaya y las heridas se curen, como ellos dicen, sigo pensando que si me dan a elegir, no quiero ver pasar el cadáver de mi peor enemigo por la puerta de mi casa. Si le voy a desear un mal, que sea un divorcio.

Veía mi futuro tan negro, que nada de lo que me decían me reconfortaba o tenía sentido y mucho menos cuando se empezaban a meter con aquello que marcaba mi vida.

—No te preocupes, eres una mujer inteligente, joven, apenas vas a cumplir treinta años, "la vida empieza para ti".

¡Qué manera de desgraciarle a una la vida!, porque ese numerito que a ellos les parecía mi tabla de salvación, se estaba convirtiendo en mi peor enemigo.

5. En el peor momento

Me lo habían vaticinado, me habían dicho que la depresión de los treinta era cosa seria, pero estaba tan ocupada con mi dolor que ni siquiera me acordaba que se avecinaba mi cumpleaños. ¡Qué fecha escogí para llevar a cabo mi divorcio! Una no debe tomar este tipo de decisiones cuando se acercan las navidades, el cumpleaños y mucho menos el día del amor y la amistad. Y, por supuesto, yo era la mejor candidata para que la famosa y temida depre entrara e hiciera conmigo lo que le diera la gana. Logró su cometido.

No podía entender en qué momento se me habían ido los años. Cuando estaba en mis *quince* soñaba con ser mayor, con tener más libertad y poder llegar a eso llamado madurez. Creo que pasaron siglos antes de que cumpliera veinte años, pero a partir de ese momento, todo fue como una carrera contra el reloj.

Cuando cumplí veintinueve tuve un pequeño, pero significativo arranque de depresión. En momento, tenía más que ver con el hecho de que ya no estaría en los *veinte*, me estaba volviendo vieja y eso me molestaba un poco. Ya iba a tener que empezar a usar cremas para las arrugas de los ojos, tomar más de ocho vasos de agua al día y empezar a hacer ejercicio porque, por la ley de la gravedad y de la vida, todo mi cuerpo tendría ahora la tendencia a irse para abajo. Sin embargo, en ningún momento me cuestioné mi vida y mucho menos mis sueños.

La mañana de mi cumpleaños número treinta creo que amanecí llorando, porque la verdad, no me acuerdo en qué instante empecé a hacerlo. Era como si alguien allá arriba hubiera decidido convertir mis ojos en dos mangueras. No podía controlar mis lágrimas, todo era motivo de llanto. Mi vida pasaba ante mis ojos como un fracaso y las personas que me llamaban para felicitarme, se encontraban con la contestadora automática o con una voz de ultratumba que no encontraba razón alguna para que la palabra "feliz" fuera mencionada en su presencia. La felicidad se había convertido en algo tan irreal como el hecho de que algún día, si me portaba bien y era una niña buena, me iría derechito al cielo.

—Los treinta —me dijo una amiga que ya había entrado en el mágico número y en las mismas circunstancias— ¿te preocupa que cumples treinta? ¿Eso es lo que te tiene tan deprimida? Estás loca.

—No estoy loca, lo que estoy es vieja y sola. Me divorcié en el peor momento.

—No hay buen momento para divorciarse.

—Sí, pero creo que el menos aconsejable es cuando dejas atrás tus mejores años. Ahora lo que viene es el deterioro total. Seamos realistas, el mundo es de la gente joven. Hemos entrado en la etapa en que si tu pareja se va, lo más seguro es que sea por alguien menor que tú.

—Estás más enrollada que hilo de bolita y te equivocas. Las cosas han cambiado para las mujeres. Fíjate en las modelos, son mujeres treintonas y los símbolos sexuales no se quedan atrás. Lo que pasa es que ahora vas a tener que cuidarte y mantenerte para lucir bien. Si eso lo unes a la experiencia que ya tienes, al encanto de la madurez, te vas a dar cuenta de que estamos en nuestro mejor momento —me dijo— Es más, hemos entrado en la edad en que nuestra sexualidad está en su punto mas alto.

—¿Quién te dijo eso?

—Los dicen las revistas médicas: sexualmente los hombres son más activos entre los quince y los veinticinco años; en cambio, las mujeres lo somos después de los treinta. Así que prepárate.

—¿Prepararme para qué?

—Para descubrir tu sexualidad y, algo mucho mejor, que tú también tienes necesidades. Mira, te voy a hablar a calzón quitado. Ese cuento que nos metieron de que los hombres podían hacerlo a diestra y siniestra porque tenían ciertas necesidades y nosotras no, es una gran mentira. Lo que pasa es que nos lo creímos, pero ahora que ya tuviste una vida sexual activa y probaste hacerlo con frecuencia, te vas dar cuenta de que tú también tienes ganas y necesidades.

—¡Qué bueno!, resulta que ahora que me voy a poner en mi mejor momento y que voy a descubrir que yo también tengo necesidades, no tengo con quien. ¿Y las ganas qué, me las voy a tener que aguantar? O de entrada me como un cable.

—Tienes dos opciones, ésa es una, pero no es la

más recomendable, porque entonces te vas convertir en una frustrada sexual.

—¿Y cuál es la otra? —Pregunté, con la absoluta seguridad de que su respuesta me iba a complicar mucho más la existencia.

—La de volverte a programar como si fueras una computadora, para pensar como hombre. Quitarte la idea de que si te acuestas con alguien es porque tienes que amarlo y es el hombre de tu vida. Eso ya no existe. Piensa que te estás acostando para satisfacer una necesidad, que no hay nada malo en hacerlo y que, al fin y al cabo, eso se lava y ¿quién dijo que pasó algo?

Pues yo, porque después, ¿quién me va a quitar el cargo de conciencia y el sentimiento de culpa? A mí me enseñaron que las niñas decentes no hacen eso, una se acuesta por amor y cuando la relación es seria. Todo eso estaba grabado en mi mente y no se podía borrar por mucho que perteneciéramos a la generación de las computadoras. Yo no era un aparato, era un ser humano que nació mujer y había sido educada con ciertos principios morales que no quería descartar. Bastante grande había sido el golpe de descubrir que el amor no funciona como yo creía, que el hasta siempre significa hasta que dure, para empezar a cuestionar mis valores. Si eran obsoletos en estos tiempos, sería algo que tendría que enfrentar cuando llegara el momento. Además, tampoco me parecía estar en la época más propicia para iniciar ese lavado de cerebro y convertirme en una persona de vagina inquieta. Y es que hasta en eso me equivoqué a la hora de divorciarme: había entrado nuevamente al mercado en la era del sida.

No pude escoger peor momento para mi punto sexual más alto y el descubrimiento de mis necesidades. Era un hecho, definitivamente estaba viviendo en un mundo en el que sexo seguro no tiene nada que ver con que seguramente tendré sexo; significaba que mejor no hacía nada y me aguantaba las ganas, a no ser que usara un profiláctico.

El sexo se había convertido en un tema muy complicado que incluía a más de dos personas porque con el cuento de que si te acuestas con alguien, te estás acostando con todas las personas con quien ese alguien se ha acostado y con las que esas otras también lo han hecho, al final todo termina siendo una orgía al más puro estilo romano. Y si llegado el momento, logras borrar de tu mente a todo ese séquito que te precedió, tienes que recurrir por cuestión de vida y de muerte al famoso condón. El cual pasó de ser un simple anticonceptivo, y no precisamente el más popular, a un salvavidas en potencia.

Así que en una situación tan incómoda como puede ser acostarse por primera vez con alguien, después de desvestirte y cuando estás en el mejor momento, hay que parar para vestir al de abajo y empezar a hacer el amor a través de una goma. El adiós a una hermosa y romántica época en la que acostarse con alguien era la unión de dos seres que deseaban sentir sus cuerpos.

Sin embargo, lo que más me preocupaba de mi llegada a los treinta, era el tic tac del reloj biológico. Sí, ése que sólo sufrimos las mujeres y que no te da tiempo, te lo quita. Algo así como la cuenta regresiva de un condenado a muerte. Si te pones a sacar cuentas, tienes que tener un hijo en los próximos cinco años, antes de que la aguja de la amniocentesis forme parte de tu embarazo y las ecografías sirvan para algo más que saber el sexo de tu bebé. Después, tienes unos siete años más, pero pensando y temiendo por la salud de tu hijo antes de que la vida se encargue de secarte para siempre.

Definitivamente, mi sincronización con la vida dejaba mucho que desear. Durante los seis años que estuve casada no encontré el momento ideal para tener un hijo y la realidad es que mi instinto maternal no hizo acto de presencia, y más bien brilló por su ausencia. Y ahora que no tenía un esposo, y mucho menos un candidato para padre de mis retoños, las ganas de tener un bebé crecían proporcionalmente con las pocas probabilidades de tenerlo.

El reloj biológico es así: te marca el momento cuando menos lo esperas. De pronto te encuentras cargando a los hijos de tus amigas más de la cuenta, encontrando a los bebés encantadores y excusando cosas que antes veías como faltas de consideración por parte de las madres que dejaban a sus hijos hacer lo que les diera la gana. Ya no te parecen anormales cuando le hablan a sus bebés con tono de idiotas y no te desespera tanto el hecho de que pareciera que no tuvieran otro tema de conversación.

Me había embarcado en esta senda de ternura que envuelve a la maternidad. Si veía a una mamá cambiando pañales en un lugar público, la disculpaba pensando que así no se quemaría el bebé y si el niño llevaba horas llorando en el avión, ya no era motivo de molestia para mí. Al contrario, se me arrugaba el corazón al pensar que el pobrecito debía tener los oídos podridos por culpa de la presión.

Ya quisiera sufrir la presión de los aviones en época de gripa y con sinusitis, y no la de haber llegado a los treinta sin hijos. Esa te pudre el alma, porque aunque seamos muy liberadas, la realidad es que para muchas mujeres, el ser madres constituye la mayor realización de sus vidas. No importa si somos grandes ejecutivas ni si hemos logrado todas nuestras metas profesionales, nada es comparable al simple y complejo acto de dar vida.

Por lo menos eso escuchaba constantemente en estos tiempos de liberación, en los cuales la maternidad ya no era el único propósito de vida para una mujer. Es como si la sociedad estuviera empeñada en recordarte tu labor reproductiva para que no te desvíes en el camino y se corra el riesgo de que la humanidad se extinga. A mis treinta años, yo no había cumplido con este cometido. El sueño de llegar a esta edad realizada como mujer, como madre, como esposa y como profesional que toda mujer debe alcanzar, había pasado a mejor vida. Lo poco que conseguí y construí para llegar allí, se esfumó con el divorcio. Y a estas alturas, ni sabía si ese sueño era mío o si simplemente, estaba en los escombros de mi matrimonio, me estaba dando por soñar hasta con lo que nunca había querido. Porque si por algo estaba agradecida en estos momentos, era precisamente por no haber tenido hijos.

Bendito el mal cuando estás sola

El solo hecho de pensar en vivir una experiencia tan terrible como es el divorcio, cuidando además los sentimientos de los hijos, tratando de que no sufran heridas permanentes y ocultando el dolor propio para el bienestar de ellos, me parecía una escena de tragedia griega. La experiencia de amigos me había enseñado que en los divorcios es muy difícil mantener la mente clara, que los niños inevitablemente sufren el proceso y que si uno no se pone las pilas puede acabar llevándoselos entre las patas. La verdad es que aunque digan que se separa la pareja, mas no la familia, la familia como se conocía, simplemente deja de existir.

—No sé cómo hace la gente como tú, cuando se divorcia y encima tiene hijos. Debe ser durísimo lidiar con tu dolor y además saber que le estás causando daño a tus propios hijos sin poder evitarlo —le comenté a una amiga que pasó por el proceso con retoños incluidos.

—No te lo puedes imaginar. La culpa y tú son lo mismo. Tienes que hacer un esfuerzo sobrehumano para no dejarte llevar por el círculo de dolor, porque tienes que seguir lidiando con ellos y no quieres que te vean así. Esa suerte que tienes tú de agarrarte a llorar cuando te da la gana, de no levantarse si no quieres, de no cocinar si no tienes hambre; no la tuve yo. Pero al mismo tiempo, creo que fue lo que me ayudó a salir adelante, el saber que ellos estaban ahí, que me necesitaban y que, por lo menos, debía intentar que la vida les cambiara lo menos posible.

—¡Me parece tenaz! Tener que aparentar que las cosas no son tan terribles, cuando la procesión va por dentro y tú eres la única que va en ella. ¿No crees?

—Créeme que es mucho más fácil hacerlos partícipes de la rabia, la impotencia, los miedos y todos los sentimientos que te embargan, que hacerte la fuerte. Pero como yo lo había visto en otras mujeres y vi cómo terminaban usando a los hijos como armas de negociación, y hasta se daban a la tarea de hablarles mal del papá y ponerlos en su contra, me prometí que eso no me iba a pasar. Si no podía evitarles el dolor de la separación, por lo menos que tuvieran la paz y la tranquilidad de que sus papás seguían siendo un frente común y no un campo de batalla.

—Y entonces... ¿te comías todo lo que sentías y lo que él te hacía?

—No es cuestión de comer. Es cuestión de asumir que los problemas eran entre mi ex y yo. Él había dejado de ser mi pareja, pero seguiría siendo el padre de mis hijos hasta que la muerte nos separara.

—Pues fíjate, la frasecita sí tiene que ver con el matrimonio, pero sólo es cierta cuando se trata de los hijos.

—Así es, seremos los padres de esos niños para siempre y a partir de ese momento, yo le tenía que exigir y juzgar como papá, ya no como hombre o como marido.

—Pues suena fácil decirlo, pero del dicho al hecho...

—¡Ni creas, no lo hice ni actué así porque me sienta la madre Teresa de Calcuta, reina mía!, fue para mi beneficio, para que no se me complicaran las cosas. Es más, aprendí por las malas. Al principio, cuando agarraba las peloteras con mi ex e involucraba a los niños, resultaba que ése era terreno arado para la manipulación. Sí, mis pequeños angelitos aprovechaban para agarrar bando dependiendo de lo que más les convenía. Empezaban las amenazas de "me voy con mi papá", los comentarios de "en casa de mi papá sí puedo o sí me dejan", las pataletas porque "mi papá sí me lo compraría"... la historia de nunca acabar.

—¿Y entonces qué?, ¿no podías pelear, tenías que aguantarte todo aunque no te gustara?

—¡Por supuesto que no!, pero si peleábamos o no estábamos de acuerdo en algo, los niños tenían claro que la pelea era entre los dos, pero no con nuestra paternidad. Es súper importante que desde el principio los hijos entiendan que el divorcio no tiene nada que ver con ellos, porque tienden a culparse. Y eso se los repetimos hasta el cansancio, que nuestra separación era un problema de su papá y mío, no de ellos. En eso, ambos estábamos de acuerdo, pero nos sabes el trabajo que me costó que mi ex entendiera que con su sus sentimientos de culpa les hacía mucho daño y que no tenía ninguna necesidad de comprarles el amor con regalos y dejándolos que hicieran lo que les diera la gana.

En ese momento me cayó el veinte de que mi ex marido también debería estar dándole gracias a Dios, a la Virgen y a cuanto santo se le atravesara, por no haber tenido hijos. Al final, en esto de los divorcios, los hombres pierden más, porque pierden el día a día con sus hijos, ya no volverán a despertarse con ellos diariamente, ni cenarán juntos, ni los acostarán. Se tienen que conformar con un acuerdo de visitas: miércoles, fines de semanas, vacaciones compartidas, navidad o año nuevo. En la mayoría de los países, las leyes protegen a las mamás y los papás, por muy buenos que sean o por mucho que quieran ejercer su paternidad en un cien por ciento, no son los que terminan con la custodia de los hijos. Y aunque estoy segura de que debe ser muy duro como mujer criar hijos sola, con esa gran responsabilidad sobre sus hombros, es mejor que la idea de no poder ver crecer a tus hijos día a día.

—Pues yo me alegro mucho de que en toda esta tragedia, no tenga que lidiar con hijos. Me parece durísimo todo lo que me estás contando. Es más, hasta me acabas de subir el ánimo porque al lado de lo que tú pasaste, lo mío es una lagaña de mico.

—Fíjate, acabas de pronunciar la palabra clave: tragedia. Ése fue el mejor consejo que recibí. No tratarlo como una tragedia para que los niños no lo vieran así. Sí, era un momento duro, su papa ya no vivía con nosotros, ya no éramos una familia como la que conocían, pero el mundo no se había acabado. Continuaba, sólo que de otra manera.

Tenía sentido, si el protagonista de la película *La vida es bella* logró hacerle sentir a su hijo que no estaban en un campo de concentración nazi, sino en un juego, se puede lograr que los niños no sientan el divorcio como el final del mundo. Es cuestión de actitud. Sin embargo, siempre es más fácil ver los toros desde la barrera y cuando se trata de un divorcio, los sentimientos son tan intensos, que se corre el riesgo de explotar aun a costa de los hijos.

A mí me daba paz esto de la *jodidosofía*. Sí, esa sensación de que hay gente que está en las mismas que tú o peor. Al menos tenía la suerte de poder dedicar la labor de reconstrucción a una sola persona: yo. No existían acuerdos de visitas ni la posibilidad de seguir en contacto con mi ex porque no dejaba de ser el padre de mis hijos y mucho menos con su familia porque no eran los tíos o abuelos de nadie. No se vislumbraban en mi futuro encuentros en primeras comuniones, bodas, cumpleaños, grados ni reuniones escolares. Nadie me cama, envuelta en una colcha de plumas, rodeada de pañuelos desechables empapados de lágrimas y pensando que la vida debería darle a una un periodo de descanso. Una especie de paréntesis para poder dormir hoy y enfrentar los problemas mañana. ¿Acaso los osos no hibernan? ¿Por qué no podemos darnos los seres humanos, que supuestamente somos más inteligentes y evolucionados, ese mismo lujo?

llamaría para decirme lo mala madre que era [y] mal que estaba educando a "nuestros" hijo[s o] viceversa. Si mi ex se volvía a emparejar o lo h[acía] yo, no corría el riesgo de que mis retoños no [se] tuvieran de acuerdo ni estaría esperando que a[pro]baran al galán como cuando tenía quince añ[os y] esperaba que lo hicieran mis padres. Debe ser [muy] incómodo y estresante, enamorarte y que tus h[ijos] odien tu elección o que odien la del papá y qu[e] tengas que aguantar las quejas sobre la bruja d[e la] madrastra. O lo que es peor, saber que cuando [lle]gues a ese día te enfrentarás a la dura realidad [de] que otra mujer tendrá injerencia en la vida de [tus] hijos, pasará tiempo con ellos y hasta se dará el l[ujo] de disciplinarlos.

Sí, mi situación entre tanto drama, era privi[le]giada. Es más, si las parejas que se separan con hij[os] en algún momento logran llevar la fiesta en pa[z y] hasta se vuelven a casar, yo podía darme por bi[en] servida. Quizá en un futuro, cuando el dolor ya [me] hubiera abandonado, hasta cabía la posibilidad [de] que mi matrimonio se convirtiera en algo así co[mo] un noviazgo legalizado. Al fin y al cabo, en mi ca[so,] la llamada división de bienes no incluía hijos, que [es] lo único que no puedes dividir cuando te divorcia[s.]

Yo había restado un hombre. El día que cumpl[í] treinta años, me encontraba sola, acostada en m[i]

6. Bienvenida al Club

Hiberné hasta el día siguiente y una vez más me levanté para ir al trabajo y representar el papel de una persona sin problemas. ¿No dicen que los problemas de la casa ahí se deben dejar? O lo que es lo mismo: los trapos sucios se lavan en casa. Pues yo estaba cumpliendo cabalmente con este principio básico de discreción. Cada mañana me ponía una capa de maquillaje que me ayudaba no sólo a esconder las huellas del llanto, también me servía de careta para ocultar el dolor que llevaba por dentro. Durante el día me envolvía y distraía del dolor con obligaciones y pendientes, pero cuando llegaba a la casa era como si me liberara. En cierta forma, mi corazón se estaba pareciendo mucho a mi vejiga. Mientras más me acercaba a mi hogar, más ganas me daban; me iba retorciendo por el pasillo y cuando llegaba, tenía la obligación de descargar todo lo que me estaba oprimiendo.

Esta mañana, sin embargo, era diferente. Por primera vez me desperté con el más firme propósito de dejar a un lado el dolor y la autocompasión. Ya había cumplido treinta años y lo mínimo que podía hacer era tratar de disfrutarlos y lograr, en lo que me quedaba de vida, lo que no había conseguido hasta el momento.

Estaba decidida a ser feliz porque ése era el único compromiso que tenía conmigo. La fortuna se había ido de mi lado, pero mientras me acompañó, creo que la traté bien y en algún momento tendría que regresar. Ya la parte más difícil de todo esto había pasado: logré asimilar que mi matrimonio terminó. Después de eso, cualquier experiencia que la vida me trajera sería buena. Más abajo no podía caer, tenía que levantarme y volver a caminar, porque el futuro tenía que ser mejor que lo que ya había pasado.

¡Qué equivocada estaba! Una vez más, la vida se

encargaba de demostrarme lo contrario, porque definitavemente ella tenía algo en contra de los soñadores e ilusos como yo. Es una guerra que se inicia desde que somos niños y queremos correr cuando apenas podemos caminar. Allí la vida viene y se encarga de darnos el primer golpazo para que sepamos de una vez por todas, que no debemos dejarnos llevar por los sueños, sino por los pies. Mucho menos apresurar las cosas. Todo a su debido tiempo.

Entrar en la siguiente etapa del proceso, para la que no me sentía preparada, era aún más atemorizante que el hecho de aceptarla. Y es que lo desconocido nos atemoriza y nos llena de ansiedad. Nadie me preparó para divorciarme, no sabía cuáles eran los pasos a seguir, no tenía referencias ni modelos. Por eso, cuando una amiga me dio la bienvenida oficial al club de las divorciadas fue como una iniciación para mí.

—Bienvenida al club.

—¿Cuál club?

—El de los divorciados.

—¿Existe un club de divorciados?

—No, claro que no, es sólo un decir. Es que ahora empieza una nueva vida para ti y vas a descubrir muchas cosas.

—¿Qué cosas?

—De todo, empezando por descubrirte a ti nuevamente, hasta darte cuenta de que el ser divorciado no es nada fácil.

—Bueno, tampoco fue fácil tomar la decisión de divorciarme.

—Sí, pero ahora inicias el periodo de recuperación por el cual todos hemos tenido que pasar.

¡Cuánta razón tenía! De pronto me sentía parte de algo, existía otra gente que pasó por lo mismo y logró salir adelante. El ser divorciada me hacía miembro activo de un grupo de personas unidas por la misma causa. Como alcohólicos anónimos o drogadictos que comparten una misma lucha. Estábamos en la misma película, habíamos pasado por momentos de dolor, rencor, desesperación e incertidumbre. También sentíamos la necesidad de hablar con alguien que se identificara con nuestros problemas y emociones, y teníamos la misma tendencia a tener caídas. Esos instantes bajos en que una llamada a otro miembro del club era lo único que nos podía dar fuerzas. En cierta forma, me convertí en parte de un grupo de apoyo que me ayudaba a alejarme del vicio cuando la añoranza hacía su agosto conmigo. Un vicio llamado esposo o matrimonio, que me acompañó durante años y estaba intentando desterrar de mi existencia.

Siguiendo sus consejos, lo primero que debía

hacer era enfrentarme a mi nuevo estatus y aprender a vivir con mi nueva condición. Abolir de mi vocabulario y de mi contestador automático la palabra "nosotros". Éste era un momento de mi vida en el que me podía dar el lujo de ser egoísta y los demás lo verían como una forma de sobrevivencia. Tenía que formar un hogar para mí, sin pensar que las flores y el simple hecho de cocinar implicaban una pareja. Borrar de mi cabeza la idea absurda de que para tener un hogar necesitaba la presencia de otra persona y la formación de una familia, como me habían enseñado, porque desde niña asocié la palabra hogar con matrimonio. Siempre escuché la frase "cuando te cases y formes tu propio hogar" porque en la cerrada sociedad latinoamericana, nadie espera que una niña de bien se mude sola. Una pasaba de un papá a un marido y de la casa paterna a la casa matrimonial. Pero ahora me veía en la obligación de hacerlo y convencerme de que para tener un hogar necesitaba de una sola persona: yo.

Lo más difícil de esta etapa de abolición del "nosotros", era quitarme el escudo que me protegía por estar casada. Ese escudo llamado marido y que muchas veces me sirvió para detener propuestas amorosas y que me hacía salir victoriosa diciendo que estaba casada. Sentía un miedo enorme cuando pensaba en la próxima vez que alguien me insinuara algo y no tuviera mi consabida arma en la mano.

Por supuesto, el momento llega cuando menos lo esperas y te das cuenta de que no sólo tenías un escudo, sino que además, durante el tiempo que estuviste casada, llevabas puesto un artefacto idéntico al que le ponen a los caballos de carreras para que no puedan ver a los lados. Sí, durante mis años como esposa me transformé en una persona que sólo tenía ojos para mi pareja y nunca se me ocurrió mirar hacia los lados para localizar personajes masculinos que pudieran estar interesados en mí. Era como si los otros hombres se hubieran borrado del planeta. Me imagino que en los inicios de mi relación, la venda lateral tenía que ver con el hecho de que estaba enamorada. Y cuando uno entra en ese estado, el resto del sector masculino se vuelve asexual y no te levanta ni un mal pensamiento. Y en los años tortuosos del matrimonio, la verdad es que ni se te antoja el tema y si se me hubiera llegado a antojar, seguramente el cinturón de castidad moral que me impuso mi madre y las monjas del colegio, me hubiera evitado ese tipo de deslices. Me acostumbré a ese patrón de que sólo un hombre fuera capaz de mover mis hormonas. Pero ahora estaba de vuelta en el mercado y tenía que empezar a descifrar miradas y gestos para no llevarme sorpresas.

Desgraciadamente, de esto no me di cuenta ni

por mi inteligencia ni por mi rapidez mental, sino por un "Me encanta tu boca". Esa inofensiva frase creó más pánico en mí que si me hubieran anunciado la tercera guerra mundial. Trataba de encontrar en mi mecanismo de defensa, aquel que usaba antes de casarme, lo que debía contestar, pero para mi asombro y mala suerte, no encontraba nada. Lo único que pensaba era que mi cara debía tener la expresión de quien ha visto un fantasma: el fantasma de la seducción. Y del objeto que había despertado esta situación tan embarazosa, no salía ni una palabra. Me parecía que si movía la boca, la cuestión se podía poner peor. Al fin y al cabo, si a una le dicen que les gusta nuestro trasero o nuestro busto, lo indicado para no meterse en problemas, no es precisamente darse a la tarea de moverlos. Me parecía que si abría la boca, ese movimiento podía dar la impresión equivocada, porque encima de todo, mis reflejos de persona educada me guiaban hacia el paso más lógico cuando te alaban algo: ponérsela a sus órdenes. Gracias a Dios, mi sentido común vino al rescate y con un simple y tembloroso "gracias" pude salir del apuro.

Como un caballo de carreras, pero ya sin vendas, emprendí la retirada maldiciendo a mi ex por ponerme en esta situación. Mi cabeza se debatía entre el ridículo que había hecho portándome como una adolescente sonrojada y la razón por la que él me había dicho eso si yo no le di motivos. Aunque, claro, así son todos los *ex*.

—Esto no tiene nada que ver con averiguar si le diste motivos o no— me dijo una amiga.

—¿Cómo que no? Yo no me le insinué ni nada por el estilo, para que me hiciera ese comentario tan sugestivo.

—¿Y quién te dijo que tú tienes que dar motivos? Le gustaste, eres una mujer libre y se lanzó.

—Pero al menos me hubiera dado una señal de que le gustaba, en vez de tirarme la pelota así.

—Te ha dado miles de señales. Lo que pasa es que todavía estás tan sumergida en tu papel de esposa fiel y abnegada que no miras a tu alrededor. ¿Qué esperabas? ¿Señales de humo o una carta enviada por entrega inmediata? ¡Tienes que entrenar nuevamente tus cinco sentidos y despojarte de esas manías de mujer casada!

Un despojo. Ése era mi próximo paso. Sacar de mi mente todos los comportamientos que había adquirido durante mis años de casada a fuerza de costumbre. Asumir que era una mujer divorciada y acostumbrarme a que los demás, sobre todo los hombres, ya me situaban dentro de esa categoría.

Ni casada ni soltera... divorciada

Divorciada, una palabra que el diccionario define como persona separada legalmente de su esposo. Sin embargo, como todo término, se ajusta a las necesidades y opiniones de cada quien.

Para mis padres era realmente un problema. No asociaban la palabra con nada bueno. Una hija joven que ya había organizado su vida y por la que ya no tenían que preocuparse, había ingresado nuevamente a las listas de solteros. Otra vez debían cuidarla y evitar que metiera la pata ultrajando el nombre de la familia. Con mi divorcio, los regresé a mi adolescencia, cuando ellos debían cuidar mi virtud. Bueno, esa virtud estaba de nuevo en el mercado y, si no se espabilaban, podía estar en boca de todos cuando su adorable hija decidiera buscar un nuevo amor.

Para el resto del sector masculino, una se convierte en presa segura de la tarde de cacería. Te ven como una persona necesitada de cariño, que lleva un letrero en la frente gritando "urge sexo". Es como si al divorciarte declararas tu deseo de disfrutar todos los placeres que el sector masculino te puede ofrecer.

Estás soltera, es cierto, pero no tienes el halo virginal de quien nunca se ha casado. Al parecer, el simple hecho de haber pasado por la firma de un papel, les confirma que estás a su entera disposición. Como si la palabra divorcio significara liberación sexual absoluta y disponibilidad confirmada e indiscriminada para los menesteres sexuales con quien sea. Además, no sé por qué asumen que a través del sexo que ellos te ofrecen, todos tus sentimientos de culpa, tu autoestima herida y tu desgastado amor propio, tendrán cura. Como si lo que ellos tuvieran entre las piernas fuera una inyección de vitamina B o un antidepresivo seguro y comprobado por la sociedad de farmacólogos.

Les llena de orgullo y satisfacción pensar que van a ser los primeros después de un divorcio. Al fin y al cabo, una mujer que tiene su tiempo de no hacerlo, debe tener unas ganas tan reprimidas que garantizan su actuación como amante. Te conviertes en una obra de caridad para ellos y se les llena la boca prometiéndote que después de que hayas consumado el acto, se acabarán todos tus temores. Te harán olvidar a todos los hombres que han pasado por tu vida, sobre todo a tu *ex*, y a todos los que planeen llegar en el futuro. Un momento histórico que, sin lugar a dudas, debía aplaudir al terminar, cantándole el himno nacional e izando la bandera de su país.

—¿O sea que desde que te separaste de tu marido no has estado con nadie más?

—No, no he visto la necesidad.

—¿Cómo va a ser posible? No me digas que no te han dado ganas.

—La verdad es que no. Además, no es cuestión de ganas. Soy de las que todavía piensa en el acto sexual como algo romántico y lleno de amor.

—Pero las ganas las tienes que tener, porque las mujeres últimamente tienen necesidades.

—Sí, ya lo sé, ya me hablaron de las necesidades, pero cuando estás pasando por un divorcio, lo menos que piensas es en acostarte con alguien. Además, me da miedo pensar en eso, en cómo será y cómo me voy a sentir. Bueno, todas esas cosas.

—Pero si no lo haces, nunca vas a saber y te vas a crear un trauma pensándolo. Lo mejor es que lo hagas para que salgas de eso, así no tienes que preocuparte de cómo va a ser.

—Sí, me imagino algo así como: los tragos amargos pásalos rápido. Pero quiero esperar a estar lista para después no sentirme mal conmigo. No creo en eso de que un clavo saca otro calvo.

—¿Y por qué te vas as sentir mal contigo? ¡Estamos a las puertas del siglo XXI!

—El problema no es ése.

—¡Ah! Es por tu ex. Piensas que si lo haces con otro es como si le estuvieras siendo infiel.

—No literalmente, pero algo de hay eso.

—Pues yo te aseguro que después de hacerlo con otro se te va a quitar todo ese sentimiento de culpa y te vas a olvidar de él. Porque aunque no lo creas, un clavo, sí saca otro clavo.

Sí, él podía tener razón. A los hombres les funciona eso de los clavos. Pero lo mío no se trataba de sacar un clavo, porque ya ni sabía si lo tenía enterrado. Existen muchas formas de divorciarse. Hay gente que aunque siga en un matrimonio está divorciada o separada emocionalmente de él. No están comprometidos con la relación o hace años que dejaron de estar en ella. Cuando se divorcian, les es mucho más fácil volver a empezar porque ya están curados. De la misma forma, hay personas que están divorciadas por mucho tiempo, que firmaron el papel y, sin embargo, siguen mentalmente casadas, en un estado que no las deja salir adelante.

Lo mío era más un estado de inercia producto del miedo que me daba el no saber cómo encajar en esta nueva etapa. Quería hacer las cosas bien y sentirme bien. Y el hecho de que mi corazón estuviera roto, no implicaba que lo fuera a repartir por ahí, pedacito a pedacito. Al contrario, la idea era pegarlo yo solita con mucho cuidado y en una labor digna del mejor cirujano plástico, para que las heridas cicatrizaran y quedara casi intacto nuevamente.

Para las mujeres casadas, las del club al cual ya

no pertenecía, también somos una plaga peligrosamente liberada. Ellas tienen un marido que cuidar y si antes lo normal era que tú conversaras con sus esposos, de pronto, para algunas —las más inseguras—, la situación ya no es recomendable. Somos solteras, es cierto, pero con la diferencia de que así como se espera que una esposa sea fiel a su marido, se espera que una divorciada ande en busca de uno. Y no sé de dónde sacaron que para lograrlo estamos dispuestas a todo. Mucho menos mis antiguas amigas, porque después de tantos años de escucharlas quejarse de sus maridos por lo tacaños, lo desconsiderados y lo mujeriegos que son, me quedaba claro que sus esposos no era los ejemplares de hombre que buscaría. Eso si hubiera estado en la búsqueda, porque la realidad, era que si algo no se me antojaba en ese momento, era volver a las hieles conyugales.

Definitivamente, mi nuevo estado civil no era bien visto por el machismo y los prejuicios que imperan en nuestra sociedad. Porque un hombre divorciado es un candidato perfecto para cualquier chica y se trasforma de un día para el otro en el partido del año. En cambio, las mujeres divorciadas, cuando no vamos anunciando peligro y perdición, entramos en la categoría de demasiado vividas.

¿Y qué se supone que debía hacer yo ante mi

nueva imagen? Ésa era una buena pregunta, ya que como el divorcio no tiene estatutos ni reglas de comportamiento establecidas, estaba totalmente desubicada. Cuando una pareja se casa, se sabe de antemano lo que tiene que hacer, desde la noche de bodas hasta el doméstico detalle de quién va a hacerse cargo de la casa. Pero cuando uno se divorcia no tiene ni la menor idea de qué debe hacer y cómo comportarse. De nada vale la experiencia que haya acumulado, ni aquello que te repiten de que el dolor y los fracasos nos hacen más fuertes y que uno sólo aprende en la tristeza y no en la felicidad. La única realidad es que nos encontramos en el mismo punto de partida, pero sin saber cómo seguir adelante.

7. De nuevo en el mercado

Empezando otra vez. Sin importar las millas que ya había recorrido, me encontraba confundida y llena de miedos en el nuevo punto de partida. Nunca me ha gustado ni he sido muy buena en el arte de cortejar. No he sido persona de discotecas y mucho menos de bares para solteros. Me podría definir como una persona conservadora, acostumbrada al amor a la antigua y tradicionalista. Y no es que sea una mojigata, pero creo en el amor cuando llega inesperadamente, creo que cupido envía la flecha en el momento menos esperado y no en estar buscando el momento ni el amor.

Es más, siempre pensé que la revolución femenina acabó con una de las partes más bellas de las relaciones amorosas: el romanticismo. Y aunque pienso que las mujeres y los hombres sí somos iguales, encuentro ilógico que las mujeres hayan decidido que el ser mimadas, consentidas y tratadas como princesas, nos hace vulnerables y sumisas. ¿Qué tiene de malo que sean ellos los que nos llamen, nos envíen flores, nos abran la puerta del carro y, sobre todo, nos paguen la cuenta? Yo, la verdad, considero que no había ninguna necesidad de acabar con tanta belleza si al final dura tan poco. Porque es un hecho, después de que te han conquistado, ellos mismos se encargan de devolverte la igualdad diciéndote que todas esas son ridiculeces y que ya no están para esos trotes. El mismo hombre que atravesaba países para verte y poder estar contigo, es el que después de años de matrimonio se niega a buscarte un vaso de agua en la cocina.

De todas formas, por mi temperamento y la forma como fui educada, sentía que no era la persona adecuada para volver al mercado. ¿Cómo iba a ser mi vida a partir de ahora?, ¿cómo sería volver a salir con un hombre, el próximo beso, la próxima vez que hiciera el amor?

Todo se convierte en la primera vez de nuevo, sólo que la primera vez después de un divorcio. Cuando se está casado, un beso es casi una costumbre, un hábito de saludo o despedida, o el inicio del sexo. Hacer el amor es un simple estirar de brazo. Me desvelaba pensando cómo sería esta primera vez, cómo llegaría el momento. Tenía pesadillas en las que entraba en la habitación con mi prospecto de amante habiendo cometido la tontería de ponerme pantalones vaqueros. Trataba de bajármelos seductoramente, pero no podía: se me quedaban atascados en las caderas. A partir de ese momento, mi esperada noche de amor, se convertía en una lucha entre nosotros y los malditos pantalones que se negaban a que yo dejara la sequía. Preocupada por estos sueños que nunca terminaban con un final feliz o como yo hubiera deseado que culminaran, llamé a una de mis socias del club de las divorciadas.

—Creo que te estás frustrando —me dijo— ya empiezas a tener síntomas de falta de sexo y si sigues así vas a vivir en un constante síndrome premenstrual. Te va a dar mal genio y vas a tener depresiones y hasta dolores de cabeza.

—Eso es absurdo, porque yo antes de casarme nunca tuve este tipo de sueños y ahora con el cuento de las necesidades físicas todo se lo achacan a la falta de sexo. Además, estoy segura de que todavía no estoy lista para dar ese paso.

—Pero ese sueño significa que, aunque no estés lista como dices, tu subconsciente sí lo está. Lo que pasa es que le tienes miedo a como será.

—Claro que tengo miedo, ¿es normal, no? Me siento como una principiante que no va a saber qué hacer cuando el momento llegue.

—No te preocupes, el momento llega cuando menos lo esperas. Y siempre te vas a sentir como una principiante la primera vez que lo haces con alguien nuevo. No todos los hombres son iguales, no hacen el amor igual y esperan cosas diferentes de ti. Pero lo mismo le va a pasar a él contigo. Todos queremos que nuestra actuación sexual no sólo sea satisfactoria, sino que se convierta, además, en algo inolvidable.

Exactamente lo que yo necesitaba agregarle a mis temores. Resulta que yo, que estaba acostumbrada a hacerlo como a mi marido le gustaba, que habíamos llegado a un acople, de pronto me podía topar con uno de esos que hablan hasta por los codos, o con un mudo que no murmure palabra durante el acto, o a lo mejor con un estático que espera yo lo haga todo, o con uno de esos malabaristas que pretenden que una se cuelgue de las lámparas.

Como en la serie de televisión, había entrado en la dimensión desconocida. Me sentía como una adolescente para quien la palabra sexo tiene una extraña connotación entre el misterio, la emoción y lo prohibido. La diferencia era que a esa edad lo presentía y ahora conocía perfectamente la situación. Lo que no sabía, era cómo sería la próxima vez.

Con tantas dudas, recurrí a otro de los miembros del club, quien me aconsejó tomar las cosas con calma, no apresurarme e ir quemando las etapas poco a poco.

—Sería bueno que ya tuvieras tu primera cita. Eso lo debes hacer antes de pensar en otra cosa.

—Eso sí me complica. Salir con alguien que no conozco y, si no me gusta, tener que aguantarlo toda la noche.

—No necesariamente.

—¿Cómo que no?, ¿qué pretendes que le diga?, ¿que tengo un repentino dolor de cabeza?

—Como hombre, no te aconsejo que saques esa excusa. Pero hay algo con lo que nosotros nos ponemos muy incómodos porque no lo entendemos. El periodo.

—¿Qué?

—Sí, si a mí una mujer me dice que tiene cólicos y que se siente mal por lo del periodo, no me atrevo ni a dudarlo. Es una excusa tan perfecta que uno se conduele por ella y hasta llama la mañana siguiente para saber cómo se siente.

—¿Pero cómo se te ocurre que le voy a hablar de algo tan íntimo como mi periodo a un virtual desconocido?

—No seas tonta, ahora se habla de todo, ¿y qué crees que él piensa?, ¿que tú no pasas por eso una vez al mes?

Bueno, pues sería la primera vez que el periodo me sirviera para algo más que amargarme la vida todos los meses. Sería la excusa perfecta para deshacerme de los hombres y en el camino me desquitaba un poquito con Dios, porque Dios tenía que ser hombre para habernos enviado esto a las mujeres. Una mujer no le haría esta canallada mensual a otra de su mismo género. Creo que me había llegado la hora de volver al mercado, por lo menos, de empezar a hacer mis pininos en esto de los nuevos inicios.

La primera no es la vencida

No tengo enemigos, al menos eso creo, pero si los tuviera, desearía que pasaran por la experiencia de la primera vez después de un divorcio. Uno debería tomar un curso de cómo hablar idioteces antes de enfrentarse a esta situación, pero allí no queda todo. Creo que demoré horas decidiendo qué me iba a poner para esa primera cita. Si el atuendo sería demasiado provocativo o muy conservador; si estaría dando la imagen de mujer casada o de devoradora de hombres. Como lo aconsejan las revistas de moda, recurrí al famoso vestido negro saca-de-apuros. Al fin y al cabo, mi galán podía pensar que era un color muy sensual o que parecía la viuda de un muerto parado.

La noche duró aproximadamente cien años. La comida no me supo a nada y, definitivamente, había perdido en el camino ese arte que manejan tan bien las solteras, el de impresionar. Me pasé horas poniendo al día a mi pretendiente de lo que había sido mi vida y enterándome de la de él. Pensando que esta situación se repetiría muchas veces antes de que encontrara al hombre ideal, decidí que lo mejor era preparar una hoja de vida sentimental, porque la única realidad era que mi vida se había vuelto cuatro horas más larga desde la última vez que se la conté a mi ex marido.

No era una mala idea. Podía resumir en dos hojas todas mis experiencias y agregarle una posdata que leyera "Si quieres ahondar en cualquiera de estos temas, lo hacemos en la próxima cita". Se la enviaría al prospecto, usando la fascinante tecnología del fax o del *e-mail*, pues ya era hora de que estos inventos empezaran a hacerle competencia al teléfono en el complicado mundo de las comunicaciones amorosas.

La idea cada vez me parecía más viable. ¿Cuántas hojas de vida envía uno antes de conseguir el trabajo que realmente quiere? Muchas. Así, no perdería mi tiempo contándole a cualquiera mi historial. El tiempo es oro y uno no puede ir por la vida perdiéndolo con personas a las que no piensa contratar o que no reúnen los requisitos para la posición. Si en el intricado mundo de los negocios las hojas de vida evitan la pérdida de tiempo, creo firmemente que en el amor surtirían el mismo efecto. Al fin y al cabo, el psiquiatra me había dicho que el matrimonio no era más que un negocio en el que se invierten sentimientos en vez de dinero. Siendo así, la diferencia era de símbolos, para uno existe el de pesos y para el otro, el de corazones. Ya era hora de que empezáramos a meterle más cabeza a esto de los sentimientos y una hoja de vida sentimental podía ser el primer paso hacia la tecnificación de las relaciones.

Después de pasar por la nada recomendable experiencia de la primera cita, que fue algo tan inevitable y aterrador como ir al dentista, la segunda vez con la misma persona se torna hasta romántica. Una se envuelve en la magia del amor y se cree su propio cuento. En la desesperación por no ser una híbrida en el amor, hasta me ilusioné pensando que me estaba gustando, porque si estaba dispuesta a salir con el personaje otra vez, era porque de alguna forma me estaba moviendo el tapete. Bueno, pues no, así como existen los embarazos psicológicos, también existen los enamoramientos sicológicos y estos se acaban cuando llega el primer beso.

El primero después de muchos

Lo veía venir. Así como sabía cuando llegaba tarde, que mi mamá me estaba esperando en la escalera para la cantaleta, con el mismo temor me acercaba teniendo la certeza de que el enfrentamiento sería inevitable. Sabía que terminaría arrepintiéndome por haber cometido esa tontería y que al igual que con el regaño de mi madre, saldría de esa experiencia con la sensación de que no había valido la pena.

Nada es más antiestético que un beso que se da como parte de una terapia, como un simple paso para seguir adelante, como un termómetro que medirá lo preparados que estamos para el siguiente obstáculo. Nunca antes estuve tan consciente de lo mojada que es y de lo que estorba una lengua que se empeña en estar en un lugar que no le corresponde. Hasta la mente huye despavorida para no ser partícipe en este atentado contra las leyes del amor y se enfrasca en pensamientos que no tienen nada que ver con lo que está pasando.

Su nariz me estorbaba y cuando, en un último intento por seguir vendiéndome la ilusión de volver a empezar, puse mis brazos alrededor de su cuello… !oh! sorpresa. Mis manos, acostumbradas a un pelo liso, se encontraron con pequeños rizos que no se suponía debían estar allí y que me despertaron de la pesadilla. Sabía que algún día tendría que abrir los ojos, pero me invadió el mismo miedo de cuando era niña y pensaba que si abría los ojos en la oscuridad, me encontraría con un espíritu frente a frente. Por lo menos, en aquella época podía repetirme insistentemente que los fantasmas no existían, pero en este momento de supuesta efervescencia y calor, lo único que podía repetirme era lo tonta que había sido por intentar a los treinta años jugar a enamorarme del amor.

Finalmente, y por obra y gracia del Espíritu Santo, mi galán decidió que el beso había sido lo suficientemente largo y satisfactorio. Con esa cara de idiotas que ponemos cuando hemos finalizado un beso, se me quedó mirando.

—¿Qué pasó? Te quedaste muy callada.

Aparentemente, el beso me había atrofiado las cuerdas vocales porque por más que trataba de hablar, no lograba emitir sonido.

—¿Te sientes mal?

—No, es sólo que no sé que decir —¡qué bueno que al menos podía hablar!

—No tienes que decir nada que no quieras decir. Sólo lo que sientas en este momento.

—Honestamente, creo que no estoy lista para este tipo de situaciones. Creo que voy a necesitar más tiempo.

—¿Tiempo para que?

—No sé. Para curarme, estoy acostumbrada a tomar las cosas con calma.

—¿No me digas que eres de las que piensa que uno se agarra las manos en la segunda cita y se besa en la quinta?

¿Cómo podía explicarle que en ese momento sentía que había perdido mi capacidad para pensar? Y además, ¿quién era él para hacerme sentir como una estúpida mojigata?

—No con tanta precisión, pero creo que una no debe apresurarse.

—Mira, a los sentimientos no se les deben poner ni días ni meses. Aprende simplemente a sentir y te darás cuenta de que esto no tiene nada que ver con el tiempo.

Eso lo sabía y allí radicaba el problema. En que precisamente él no me hacía sentir nada, pero conociendo lo frágil que puede ser el ego masculino, no se lo podía decir. Lo mejor era dejarlo pensar que la del problema era yo porque es muy difícil hacerle entender a un hombre que no hay química y que sus avances amorosos nos dejan frías como un trasero de foca.

Me volvieron los sentimientos de culpa por ser viuda de un muerto parado. Sentía que le había fallado a alguien, hasta que logré comprender que a la única persona que le había fallado era a mí, por no haberme dado la oportunidad de volver al mundo de los vivos con alguien que me hiciera vibrar.

Sin embargo, continuaba empeñada en cumplir con todos los requisitos que forman parte del club al que pertenezco. Por tanto, llamé a una de las integrantes más experimentadas para que me guiara en los siguientes pasos. La cosa se puso color de hormiga.

Seis años después

Las cosas han cambiado y de qué forma. Resulta que ahora, a la tercera o cuarta cita, el galán espera mucho más que un tierno beso.

—¿Cómo te fue en tu cita?

—Como perro en misa. De lo único que estoy segura, es de que ése no me vuelve a llamar.

—¿Qué pudiste hacer para espantarlo de esa manera?

—Mejor pregúntame qué fue lo que no quise hacer. Yo no entiendo lo que pasa. Creo que me he convertido en un par de senos, un trasero y unas piernas, con todo lo que incluyen, porque lo único que quieren es que una se los dé.

—Sí, así funcionan las cosas ahora. ¿Te acuerdas de cuando éramos jóvenes y nos decían que si dábamos la prueba de amor nos dejarían? Pues prepárate, porque ahora si no la das, te dejan. La cosa es al revés.

—Pero eso es absurdo. ¿Y qué pasó con el romanticismo, con esperar a que la relación sea seria?, ¿dónde han quedado todas esas cosas maravillosas?

—Tampoco te me angusties. Esas cosas todavía existen, pero ahora vienen después. Con base en una relación sexual, construyes todo el rollo de la amistad y el amor. Las cosas han cambiado y tienes que dejar de pensar que acostarse con alguien es algo trascendental. Tómalo como un paso más hacia una relación. Si se da, qué bueno. Y si no, pues no pasa nada.

Pues en los seis años que estuve disfrutando de

los placeres domésticos, sí habían pasado muchas cosas. Se había suscitado todo un cambio al que yo no le puse atención. Bueno, tampoco era mi culpa. Yo vivía en la seguridad de cualquier mujer casada que no tenía nada que ver con lo que estaba pasando en el mercado de los solteros.

Lo más triste es que ella tenía la razón. Era la dueña de la verdad. Nadie espera llegar a ese anhelado y crucial momento, cuando estamos hablando de personas adultas que ya han sufrido decepciones y no quieren volverse a equivocar. Ya no somos vírgenes, ni física ni emocionalmente. Estamos en la era de la satisfacción sexual y los medios de comunicación nos invaden cada día con artículos sobre lo importante que es la comunicación sexual. Ya una mujer no se puede dar el lujo de ser frígida, eso es anticuado. El sexo ya no es tabú para las mujeres y se ha convertido en parte de sus derechos. Nos hemos tomado muy en serio eso de la igualdad de los sexos. ¡Y yo que todo este tiempo pensaba que se referían a la vida laboral, a la realización profesional y a la educación! Ya era hora de que dejara de leer *Vanidades* y *Buenhogar*, y empezara a comprar *Cosmopolitan*, la revista de la mujer de hoy.

Aparentemente, la que estaba mal era yo. Estaba viviendo la década de los noventa con mentalidad del siglo XIX. Seguía empeñada en cumplir con los principios morales que me inculcaron en casa y en el colegio de monjas. Criada dentro de una sociedad pueblerina latinoamericana, yo no era precisamente una chica liberada en términos sexuales. Por el contrario, me sentía un raro espécimen que combinaba la liberación en cuanto a ser una persona que trabajaba para realizarse profesionalmente, con la tradición de ser una mujer acostumbrada a seguir casi al pie de la letra las reglas que le impusieron en la niñez. De pronto, tenía que aprender a vivir en una época en la que todos mis principios religiosos y morales parecían obsoletos.

Me sentía como pez fuera del agua. Y no sabía por dónde empezar el cambio. Todo lo que yo pensaba y creía estaba mal. Mi divorcio había roto con todos mis esquemas y esto era más de lo que yo podía soportar. De repente, lo único que quería era volver atrás. Emprender una carrera hacia lo que fue y lo que pudo ser; refugiarme en aquello de que todo tiempo pasado fue mejor.

Si miraba la película de mi vida, me parecía que vivía en un paraíso hasta que llegó la manzana de la ruptura. Estaba padeciendo algo que podría llamarse síndrome del regreso. Cualquier novio que hubiera dejado una pequeña llama encendida dentro de mí, se estaba convirtiendo en el hombre ideal. Me preguntaba cómo me hubiera ido con éste o con aquél y me invadía la esperanza de un posible triunfo. Estaba tan aterrorizada con el simple hecho de volver a empezar, que no podía recordar las razones por las que un día decidí que no eran las personas que me harían feliz. Hasta mi ex se me estaba convirtiendo en una posibilidad, sí, el mismo que me llevó a esta situación, por aquello de que más vale malo conocido, que bueno por conocer. Quería regresar a la seguridad que tenía antes, sin importarme lo mal que me hubiera ido en el final de la relación y lo infeliz que había llegado a ser. Ante esta perspectiva, tuve la certeza de que estaba enamorando a la locura. Decidí llamar a mi psiquiatra para hacer una cita, cuando todavía me quedaba un poco de cordura.

—Lo que te está pasando es normal. Es otro mecanismo de defensa. Te refugias en el pasado porque le tienes miedo al futuro.

—Es que las cosas han cambiado mucho y yo no sé si voy a ser capaz de adaptarme.

—¿Por qué crees que no vas a ser capaz?

—Porque yo no soy así y no sé si pueda cambiar.

—No veo la razón para que cambies. Toma de la vida lo que te conviene; el resto, déjalo. Lo importante en este momento es no entrar en esos cuestionamientos sobre ti. Si te sientes feliz como eres, ¿para qué cambiar?

—Pues porque todas las cosas en que creía ya no existen.

—Existen dentro de ti. Tú eres como eres y quien te quiera, te tiene que aceptar así.

—Pero es que no puedo seguir siendo una romántica empedernida, que cree en el amor de los cuentos y toda esa palabrería. La vida me está demostrando lo contrario y debería aprender.

—No me gustaría que empezaras a cuestionar tus sueños. Debes intentar, a pesar de todo lo que sientes en este momento, que tu divorcio no te convierta en una persona cínica. Tú me dijiste que fuiste muy feliz en los primeros años de tu matrimonio y eso te demuestra que la felicidad y el amor sí existen.

—Sí, pero también pensé que era el hombre de mi vida y que era para siempre y no fue así.

—¿Y eso no te hace pensar más bien, que a lo mejor el hombre de tu vida todavía no ha llegado?

—Puede ser.

—Eso puede ser razón suficiente para seguir adelante con lo que eres y con tus sueños.

No sé por qué, pero siempre que hablo con mi psiquiatra tiene el poder de tranquilizarme y de complicarme la vida al mismo tiempo. Estoy segura de que eso lo aprenden en la universidad, en una clase de cómo no quedarse sin clientes. No es posible que cuando encuentro las respuestas a algunas de mis dudas, sea él quien se encargue de dejarme otra tarea. Y ahora que me hizo entender que no me estaba volviendo loca, sino simplemente estaba confundida, viene este *terlenkudo* a meterse con mis sueños. Yo, la verdad, no me encontraba en condiciones de hacerlos realidad y mucho menos de empezar una lucha para rescatarlos.

8. Los sueños, sueños son

En algo mi psiquiatra tenía razón: seguía teniendo los mismos sueños. Mi divorcio no me marcó hasta el punto de no creer ni en el amor, ni en la pareja, ni en la familia. Tampoco descartaba volver a meterme en una relación. Por el contrario, me encantó la idea de tener una pareja y considero que es mi estado ideal. Sólo que en este momento pensaba que el matrimonio debía hacerse por contratos de cuatro años, renovables cada dos. Y digo cuatro, porque según las estadísticas, ésta es la etapa más crítica en un matrimonio y en la que la tendencia a terminarlo es mayor. Sería igual que cuando uno alquila una casa o un apartamento. Las cláusulas se parecerían, pagando el primer y último mes por adelantado y una jugosa suma por daños causados al inmueble. Así, las cuentas estarían claras desde el principio y a una le quitarían de la cabeza la idea absurda de que la unión durará toda la vida. Y lo que es peor, que debe durar a como de lugar, que al final es lo que pudre todo.

Porque si nos ponemos a analizar detenidamente, el matrimonio como institución está en crisis. El divorcio es una plaga que apenas acaba de empezar. Y la razón es muy simple: el matrimonio es una institución que va en contra de todo lo que busca un ser humano en la vida. La religión, la sociedad y hasta el orgullo nos llevan y nos invitan a mejorar, a buscar la superación. Nadie piensa que se va a quedar estancado en el mismo trabajo toda la vida, nadie compra un vestido pensando que le gustará siempre y tampoco compra su primera casa pensando que será la definitiva. Si fuera así, nos catalogarían de conformistas y pobres de espíritu, y ese tipo de personas no tienen lugar en una sociedad donde la ambición marca la pauta y el consumismo está a la orden del día. En mi caso, el deseo de cambio estaba patente hasta en mi casa. Por alguna razón que desconocía, la mesa que compré hace algunos años con toda la ilusión porque me encantaba, de pronto, de un día para otro, me dejaba de gustar. Llevaba siglos ahí, en el mismo lugar, pero me empezaba a molestar, y cuando llegaba a ese momento no veía la hora de sacarla de la casa y cambiarla por otra. Lo mismo me sucedía con los electrodomésticos o artefactos de la cocina, llegaba al punto en que la última novedad remplazaba al viejito en un afán por renovarlos y renovarme.

Entonces, ¿de dónde hemos sacado que una persona que conocimos en la primera parte de nuestra existencia, tiene que ser la que nos dure para siempre? Pues de una institución llamada matrimonio y de un concepto llamado religión. Pero ahora la sociedad está cambiando, y aunque para mucha gente de otras generaciones el divorcio sea una muestra de exceso de libertad y del poco aguante que tienen los jóvenes de hoy, así como de falta de seriedad y compromiso en las relaciones, creo que la realidad es diferente. La juventud de ahora es más honesta con sus sentimientos. Las mujeres de hoy no se quedan al lado de un hombre sólo porque no se pueden mantener económicamente y todos estamos conscientes de que los hijos algún día formarán su propia familia y al final nosotros nos quedaremos compartiendo la vida con alguien que no nos hace o no nos ha hecho felices. Los matrimonios modernos asumen su inconformidad desde el mismo punto de vista con el que asumen el resto de su existencia. Estamos más dispuestos a que, en un momento dado, alguno de los dos ambicione algo mejor, a que cambien nuestras necesidades emocionales y es ilógico que por el simple hecho de haber firmado un contrato, rechacemos la oportunidad de buscar nuestro bienestar emocional. Y por el lado de la religión, no hay mucho qué decir. La cuestión es tan sencilla como que los "hasta que la muerte los separe" y "que lo que Dios une no lo separe el hombre", se destierren con unos milloncitos que se le paguen a la iglesia para que anule el matrimonio. Hay que admitir que en esto sí se les nota la vara alta que tienen, ya que las leyes sólo lo pueden disolver, pero cuando entra la mano de Dios, podemos contar con borrarlo del todo como si nunca hubiera existido.

Pese a todo, nos dejamos llevar por los patrones preestablecidos y no le buscamos lógica a las situaciones. Nos envolvemos en la magia del amor y firmamos un papel en los primeros años de la vida, con el que nos atamos a alguien por los próximos cincuenta o sesenta años. Como si a esa edad, cuando apenas empezamos a crecer como personas, supiéramos lo que realmente queremos y obligamos al matrimonio a soportar toda nuestra inmadurez. Y para colmar los males, la sociedad y la religión, en vez de ayudarnos a no cometer este tipo de locuras, las apoyan, cuando en realidad lo que deberían hacer es declarar ilegal el matrimonio antes de los treinta años porque nadie en su sano juicio firma condenas de por vida.

Si desde un principio me hubieran dicho que el matrimonio iba a durar hasta que uno de los dos decidiera lo contrario, hubiera estado preparada para la ruptura y lo habría aceptado de la misma manera que acepté el final de mis otras relaciones. Lo hubiera tomado como lo hice con anterioridad, como un simple paso para seguir adelante en la búsqueda del verdadero amor. Una forma de crecer sentimentalmente, igual que lo hacemos profesionalmente.

Es más, pensando en un matrimonio por contratos renovables, estoy segura de que las posibilidades de que durara serían mayores. La gente sabría que tu contrato vence en tal fecha y que habría ofertas de otros lados. El resultado sería que si uno está contento con lo que tiene, lucharía por mantenerlo y conservar esa felicidad sin dormirse en los laureles. El día en que ambos decidieran renovar el contrato, tendrían mejores garantías para sentirse satisfechos con la nueva negociación y uno se comería el cuento de que nuevamente ha hecho el negocio del siglo. Por otro lado, no habría sentimientos de culpa si alguna de las partes decide no renovarlo porque encontró un mejor socio o simplemente quiere lanzarse a un negocio en solitario. El mundo entero aplaudiría tu decisión porque, al fin y al cabo, te estarías superando y progresando al buscar nuevos horizontes. Celebrarían contigo esta nueva etapa de crecimiento sentimental y los contratos que hayas firmado en el pasado se convertirían en una muestra de tu experiencia en el asunto y no serían fracasos, como actualmente se consideran los divorcios.

Y es que si algo me estaba enseñando este momento de mi vida, es que sin saberlo, sin darme cuenta, sin haber sido consciente, eso que firmé cuando me casé, no sólo era un contrato amoroso, también era legal. Ahora que me encontraba ante la disolución, ante la división de bienes —que más bien parecían males— el sueño de amor se convertía en una pesadilla de discusiones y desacuerdos. Mi psiquiatra tiene toda la razón cuando dice que el matrimonio es una sociedad, sólo que se equivoca en lo de las inversiones. Sí, invertí sentimientos en el inicio del negocito, pero a la hora repartir, la división era de dinero. Finalmente, los sentimientos y los sueños nadie me los podía dividir, había que darlos por perdidos. Y si algo estaba empezando a tener claro, era precisamente que, contrario a lo que hice cuando fundé la sociedad, cuando se trataba de números, lo mejor era restar todo lo relacionado con lo que sentía, pues corría el riesgo de que mi socio me dejara en una bancarrota emocional y económica.

—Ya lo único que quiero es que todo esto acabe. Estoy cansada de todo este tire y jale. Mi paz no tiene precio. —le comenté a un miembro del club.

—¿Por qué? ¿Qué pasó?

—Esta división de bienes es un martirio. Y mira que nuestro divorcio es tan civilizado que hasta compartimos el mismo abogado, pero es extenuante el qué te llevas tú, con qué me quedo yo. Por mí que se quede con todo.

—No seas tonta. Ahora te parece que tu libertad no tiene precio, pero en unos meses no lo verás de la misma manera y te vas a sentir bien clavada, si no le metes mente fría al asunto. Cuentas cabales conservan amistades, y las cuentas cabales cuando uno se divorcia, equivalen a divorciada feliz y sin problemas económicos.

—Sí, pero me urge firmar ese papel. Siento que hasta que no lo haga, no voy a tener la autorización legal para seguir adelante. Es como no haber enterrado al muerto. Mientras no firme, es igual que si lo tuviera pudriéndose en la sala de mi casa. Es más, ya hasta me empezó a oler mal.

—Pues tápate la nariz, pero no dejes que la desesperación y el cansancio tomen la decisión por ti.

¡El adiós al sueño de divorciarme civilizadamente! Estaba obligada a defender mis derechos y a no dejarme llevar por el cansancio que me empujaba a dejar todo atrás para seguir adelante. Me urgía sentirme una persona libre de todo mal, incluido mi ex marido, para retomar mi vida sin fantasmas. No quería iniciar una relación y darme la oportunidad de explorar el mercado, cuando el muerto todavía estaba calientito y coleando alrededor. Al fin y al cabo, en mi caso sí existía la posibilidad de volver a empezar casi de cero. No tenía hijos, por lo que mi matrimonio era una relación que no implicaba contacto obligatorio con el ex o la ex familia. Lo que necesitaba era ese papelito que me llegaría por correo, como la confirmación oficial de mi soltería.

De segunda mano

Quería volver a enamorarme, soñaba con encontrar a ese alguien que reuniera las condiciones necesarias para jugar a la casita nuevamente. Estaba segura de que el hombre de mi vida no había llegado todavía y mi ex se reducía a la categoría de preámbulo. Pero, ¿dónde lo iba a encontrar? Era un hecho ineludible que ese hombre inteligente, cariñoso, honesto, sensible, comprensivo y con un gran sentido del humor, no me iba a estar esperando en los famosos bares de solteros y mucho menos en los inventos modernos para encuentros amorosos. El posible padre de mis hijos no podía estar ahí.

Las posibilidades habían disminuido drásticamente si tenía en cuenta la cantidad de galanes que me rodeaban cuando estaba en mis *veinte*. La realidad era una: había entrado en un mercado donde lo que me tocaría, seguramente sería de segunda mano, porque un hombre que a los treinta y pico o cuarenta estuviera soltero con todas esas cualidades que andaba buscando, sin lugar a dudas, debía tener algo que no le estaba funcionando bien. Lo más seguro es que me tocara un divorciado porque la otra opción sería un viudo y la sola palabra me parecía tétrica. Reemplazar a alguien que se fue al cielo no es lo más recomendable, por aquello que dice: no hay novia fea, ni muerto malo. En cambio, con un divorciado no existe ese problema, porque seguramente la ex está llena de defectos y pasó de ser hechicera a bruja.

Mi única opción en ese momento era desmoralizante, porque pensar en meterse en una relación con alguien que lleva hijos incluidos en el paquete, no puede catalogarse como el mejor hallazgo. Unirte a una persona con hijos de otro matrimonio, con una ex que llama constantemente a consultar cosas de los niños, a averiguar por el cheque de manutención, es asumir que hay una parte de la vida de tu pareja que no te pertenece y no te pertenecerá nunca. Allí siempre serás la intrusa y si no eres la que rompió el hogar, que ya son palabras mayores y odio asegurado, como mínimo eres la madrastra. Un panorama nada halagador ni para Cenicienta ni para las que hemos crecido con la idea de que este papel es el equivalente de la maldad.

Además, con la manía de propiedad que asumimos las mujeres enamoradas, el hecho de saber que tu amor tiene otras obligaciones sentimentales que no te incluyen, es algo que te puede complicar la existencia. Como no tuve hijos en mi matrimonio, consideraba que si iba a tener esa experiencia, ojalá y fuera la primera vez para ambos. Me parecía cansadísimo que la llegada de mi primer hijo fuera la segunda, tercera o cuarta vez para mi cónyuge. Que todas mis quejas y malestares durante el embarazo no estuvieran rodeados sólo de ternura y comprensión, sino también de comparaciones donde la otra saliera ganando por ser más fuerte que yo. En pocas palabras, no quería que la llegada de mi primer hijo fuera algo como la secuencia de una obra de teatro que ya había sido puesta en escena con anterioridad y en la que no sabía si mi actuación sería mejor o peor que la de la primera protagonista de la historia.

—¿De dónde has sacado esas ideas tan absurdas? —Me dijo un amigo divorciado y con hijos— La llegada de un hijo siempre es emocionante sin importar las veces que se repita. Además, sería la primera vez contigo.

—¡Qué consuelo!, ¡ahora la de segunda mano soy yo!

—Tú y tus ideas. Por favor, no lo repitas porque eres la peor propaganda para nosotros.

—¿Por qué no, si es la verdad? Resulta que ahora además de padres y cuñados, vienen acompañados de ex mujer e hijos. Definitivamente, ustedes con el tiempo se van devaluando más.

—Tómalo como un paquete y cuando te enamores nada de eso va a importarte.

—Eso ni pensarlo. Y no estoy en edad de hacerle caritas a nadie. Sabes perfectamente que con los años uno va perdiendo la paciencia. Pues yo, ya no la tengo para ganarme a nadie. Es más, todavía no han aparecido en el horizonte y ya los odio. Cordialmente, pero los odio.

—Ya te veré cuando te enamores.

—El hecho de que me enamore no significa que me vuelva amnésica. Ya pasé por las relaciones con la familia de él y créeme, no fueron un lecho de rosas. La próxima vez va a ser conscientemente.

—Eso no existe. El amor te anestesia, te hace idiota, ¿o acaso no te has dado cuenta de que si lo miras desde afuera la gente enamorada raya en la ridiculez?

—O sea que me tengo que resignar a un futuro donde me vuelvo idiota y en el que la ridiculez formará parte de mi personalidad.

—Cuando llegues allí, no lo verás de esa manera; es como un karma y lo peor es que termina gustándote. Pero antes de que llegue ese día, hazte el favor de no pensar tanto. Toma las cosas con calma, porque el resto, lo único que logra es que te compliques.

Tomar las cosas con calma. Era la primera vez en todo este proceso que esa frase cobraba sentido para mí. Llevaba una eternidad tratando, primero, de lidiar con mi dolor y, después, de encajar en esta nueva etapa, que se me había olvidado dejar que las cosas tomaran su curso. Ya había cumplido a cabalidad con todas las fases de un divorcio, había iniciado mi vida de soltera, había pasado de manera medianamente victoriosa la entrada al mercado de nuevo y, por primera vez, estaba dispuesta a simple, sencilla y llanamente no preocuparme por nada.

Me sentía llena de una gran paz. La hora de culminar de una vez por todas con esta lucha en contra de lo que la vida me impuso, había llegado. Me envolví en el patrón de los divorciados que tratan inútilmente de rehacer sus vidas, sin darme cuenta de que yo no tenía nada qué rehacer, yo tenía una vida, sólo que diferente de la que vivía hacía un año. El mundo a mi alrededor estaba cambiando y yo era una víctima más de todos esos cambios que se estaban generando. Ya el amor no duraba para siempre, existía la posibilidad de volver a empezar y un nuevo mercado y forma de relacionarse estaban apoderándose del amor.

De alguna manera, me estaba pasando con la forma como veía la vida, con mis sueños y mis expectativas, lo mismo que me sucedía con la alta tecnología. Sentía que me atropellaba y que no iba a poder alcanzarla nunca. Al principio me negaba a usarla. Así me pasó con el microondas, no quise comprar uno durante años porque me parecía inútil. No lo necesitaba para calentar una taza de leche al día. Y por más que me dijeran que servía para mucho más, seguía empeñada en que no entraba entre mis necesidades. Sin embargo, el día que me cambié de apartamento y la cocina vino con un aparato de esos incluido, empecé a usarlo y al poco tiempo, ya no podía vivir sin él. Pues estaba en el mismo plan con el resto de mi vida. Nunca cocinaría todo en un microondas porque hay cosas que sólo quedan bien cuando se hacen en la estufa. De igual forma, seguiría creyendo en el amor, en que no tendría que buscarlo, me llegaría, pero que en el camino se podían dar otro tipo de relaciones que no necesitaban del fogón para quedar en su punto. En pocas palabras, entendí finalmente que el mundo de las relaciones había evolucionado de la misma forma que la tecnología, y lo único que podía hacer era montarme en esa evolución o me quedaría atrás y obsoleta. No tenía que ser las más *tecnológica*, pero sí podía aprender a manejar decentemente los nuevos avances amorosos.

Pero en el camino hacia la alta tecnología de las relaciones me encontré con un descubrimiento fascinante. Estaba tan concentrada en las cosas que había perdido que nunca me di el lujo de pensar en las que estaba ganando. Sí, perdí un esposo, perdí un matrimonio, perdí la vida como la había conocido los últimos seis años, pero también me había perdido a mí en ese tiempo. Ahora me estaba reencontrando con esa persona que dejó de ser de muchas maneras mientras estuvo casada, por aquello de ceder en la convivencia para llevar la fiesta en paz. Y estaba empeñada en rescatarme. El amor podía esperar porque antes debía recuperarme a mí.

9. Sola por elección

Que estaba sola, era un hecho innegable, pero ahora había decidido disfrutar de esa soledad y convertirla en mi mejor aliada. Me encontraba en el momento de invertir en mí, de reencontrarme conmigo, y dejar a un lado los deseos y expectativas de los demás.

Durante toda mi vida, al igual que tantas mujeres, mi comportamiento se limitó a complacer a los demás y actuar de acuerdo con lo que esperaban de mí. Era el producto de una sociedad machista en la que las mujeres debían ser complacientes, sumisas, débiles y consideradas, además de tener la costumbre de anteponer los deseos de los demás siempre. Cuando me casé, este patrón de conducta no cambió, al contrario, se acrecentó hasta el punto en que ahora me daba cuenta de que en el camino renuncié a muchos de mis gustos en el afán de cumplir con el papel de la esposa perfecta. Y la esposa perfecta era una mujer sumisa y abnegada. Fue lo que vi en mi casa, una mujer que revoloteaba alrededor de mi padre y que vivía en el culto al hombre. Ahora podía darme el lujo de sólo pensar en mí sin que me tacharan de egoísta. No tenía a nadie más que complacer que a mí.

¿Por qué será que a las mujeres nos cuesta tanto trabajo pensar solamente en nosotras, mientras que en los hombres es parte de su personalidad? Me imagino que se debe a que ellos aprenden a ser egoístas en el útero materno y cuando nacen desarrollan además la inexplicable habilidad de hacernos sentir que las egoístas somos nosotras. Cualquier cosa que no estemos dispuestas a hacer por ellos, se transforma en una intolerante falta de amor, ya que tienden a medir los sentimientos de acuerdo con la capacidad que tengamos de llenar sus necesidades. En la mente masculina, su única responsabilidad válida es el trabajo, el resto es cosa de mujeres y, por tanto, estamos obligadas a facilitarles la existencia en todo momento.

Pero ahora, a la única persona que debía demostrarle amor y entrega, era a mí. Todas mis energías estaban al servicio de mi propia satisfacción. Podía disfrutar de cosas que durante los años de casada se habían tornado en motivo de molestia o en el pecado más mortal de los pecados. ¡Qué delicia poder leer un libro antes de acostarme hasta la hora que me diera la gana sin nadie diciéndome que apague la luz! Y es que los hombres también tienen la gran facilidad de voltear las cosas a su favor. Porque para ellos, enfrascarse en el fútbol o en su programa de televisión favorito, es una forma de despejar la mente, ya que los pobrecitos trabajan tanto. La necia era yo, que no entiendía sus necesidades. Pero ¡Dios me librara de que fuera yo la que necesitara despejar la cabeza!, éste era una acto de desconsideración y de abandono. Él sí podía pedirme que apagara la luz, pero si yo tenía sueño, no había razón para que no pudiera dormir con luz o sin luz. Pero como somos pendejas, porque no existe otra palabra para definirnos cuando se trata del amor, ni que se me ocurriera hacer valer mis derechos porque me soltaban la frase mágica que me arrugaba el corazón: "Es que yo no puedo dormir si tú no me abrazas, así que mejor deja de leer y acurrúcate conmigo". Y se podría todo, porque la ternura me invadía apoderándose de cualquier intento de sublevación.

Podía llegar a mi casa sin pensar en que mi trabajo continuaba en la cocina. Si no quería cocinar, no importaba porque no tenía a nadie a quien alimentar. De igual manera, preguntas como: "¿Dónde esta mi camisa azul?" o "¿No has ido a recoger la ropa a la tintorería?" Brillaban por su ausencia y por la maravillosa sensación de no sentirme culpable de no haber cumplido con mis deberes de esposa abnegada y cuidadora oficial del hogar. Al fin y al cabo, no importaba que yo también trabajara y llegara tarde, la responsabilidad era solo mía y si la leche no estaba en la nevera o faltaba su cereal favorito, me sentía como una pésima esposa. Al fin, esto era cosa del pasado.

Podía fumarme un cigarrillo sin sentir que mejor le hubiera puesto los cuernos, porque para el caso era lo mismo. Es más, la ofensa hubiera sido menor. Ya no tenía que ir obligada a misa para complacer a mi suegra ni someterme a tardes interminables buscando de qué hablar con sus padres y tratando de encajar en la famosa familia política. Pero que ni se atreva uno a quejarse, porque cualquier mujer que se precie, sabe que la mayoría de los hombres no acepta las metidas de patas ni los defectos de su familia. Y el que una esposa se los haga ver, es un sacrilegio. Su familia es perfecta y su madre una santa. Este poder de negación y de hacerse los ciegos, es algo que nosotras debemos aprender a asimilar desde los inicios y sería bueno que nos lo enseñaran en un cursillo prematrimonial. Pero, a lo mejor, las ciegas somos nosotras, que no nos damos cuenta de que la misma palabra lo dice todo: política, un término que encierra una gran diplomacia, paciencia y mucha resistencia.

De todas formas, ya nada de eso formaba parte de mi vida actual y para el futuro, debía hacerle más caso a las frases prefabricadas que tantas veces escuché decir y repetir a mi madre. Esto de por sí estaba resultando escalofriante, me refiero a darle la razón a mi madre. Pero definitivamente no hay nada más cierto que aquello de que uno también se casa con la familia del marido. Como si no fuera suficientemente difícil compartir la vida con la persona que amas, también tienes que tratar de llevártela bien con una serie de personas con las que lo único que tienes en común, es el amor por él. No hay duda de que el matrimonio a veces parece más una prueba de los llamados "caminos tortuosos del Señor", que una bendición como nos quieren hacer creer.

A mí me había llegado la hora de reflexionar, pero no sobre los problemas o errores que hubiera cometido en el pasado, sino sobre las partes de esa relación que no me hicieron feliz. En medio del dolor de la pérdida, es fácil olvidarse de las cosas malas y hasta idealizar las buenas. El miedo a dejar atrás lo que conocíamos y a cambiar, nos lleva a una añoranza absurda por lo que perdimos y no nos damos tiempo para contar las ganancias. Ahora me preguntaba si valió la pena ceder, callar y aguantarme tantas veces por el simple hecho de ser una buena esposa. Tenía que aprender que decir no, opinar aunque eso hiera los sentimientos de la persona amada, defender lo mío y buscar acuerdos en vez de acatar, no son síntomas de egoísmo, terquedad y falta de consideración hacia los demás. Son parte integral de quien soy como persona.

Todo lo que aprendí a raíz de mi divorcio y durante la etapa posterior, quería asimilarlo con conciencia. Que no se convirtieran en algo parecido al dolor de parto que se olvida hasta la próxima vez. Como todo en la vida, siempre hay cosas rescatables. Estaba empeñada en que el cinismo no se apoderara de mí y me convirtiera en una mujer incrédula y amargada, de ésas que ven a los hombres como fuente inagotable de dolor y desencanto. Sabía que no sería fácil. Ya no era la misma de antes, y aunque las heridas hubieran sanado, quedaban las cicatrices del miedo a volver a sufrir y la desconfianza. Me costaría mucho trabajo volver a creer en los finales felices de la historia y ya no me entregaría con la inocencia y la ignorancia de quien piensa que puede cambiar a la persona amada. Qué razón tenía quien dijo que la ignorancia es atrevida y yo había llegado a mi matrimonio con los sueños intactos. Los sueños de una adolescente, no los de una mujer hecha y derecha que había sufrido, y que en el dolor logró recuperarse a sí misma.

10. El reencuentro

No sé si existe alguna parte de nuestro cerebro encargada de curar las heridas del corazón y de borrar el dolor, la tristeza y el desengaño. De pronto te levantas para descubrir que ya no piensas en él, que hace días que no te duele, que lo recuerdas sólo cuando te das a la tarea de hacerlo. Es como cuando un niño pequeño empieza a hablar, no sabes en qué instante logró poner las palabras juntas para hacer una frase y te sorprende con un hecho del que no tuviste conciencia. Igual se va el dolor. Por eso me imagino que sí debe haber alguna parte en nuestro cerebro que sirve como catalizador o a lo mejor es cierto que el tiempo es el gran aliado en cuestiones de olvido.

Me parecía mentira cuando lo volví a ver. No podía creer que lo hubiera amado tanto, tuvo que haber sido en otra vida porque en ésta, al menos hubiera sentido algún tipo de emoción. Me habían advertido tanto que tuviera cuidado con el síndrome del regreso, ése que nos lleva a querer dar marcha atrás y que a muchas personas las mete nuevamente en la cama con su ex. Sí, al parecer pasa y mucho. En un intento por recuperar lo perdido, pensamos que un nuevo encuentro pasional y amoroso puede revivir lo que ya no existe. Es más, para algunos, la pasión que los había abandonado, se renueva con estos encuentros y hasta se venden la idea de reiniciar la relación, como si un buen encuentro sexual fuera la solución a todos sus problemas. A veces funciona. No para que el matrimonio continúe, sino para darle un cierre al duelo. Es como un punto final a la relación o el equivalente a un entierro. Y aunque de por sí la situación implica un tipo de entierro, en muchos casos crea falsas expectativas y en vez de dar el cierre, lleva atrás todo el proceso de cicatrización.

Y ahí estaba yo, trataba de encontrar las palabras para comunicarme con él y no tenía nada que decirle. Buscaba las razones por las cuales algún día sentí que era el hombre de mi vida y... nada. Como si de repente, ese halo de hombre maravilloso que yo le había puesto, lo hubiera abandonado y quedara solamente la realidad de un ser común y corriente que no me hacía sentir ni cosquillas. Si me hubieran dicho al principio de este proceso que esto me iba a pasar, me hubiera ofendido. No era posible que alguien a quien había amado tanto y con quien llegué a contraer matrimonio, pudiera convertirse en un ser que no me inspirara ni un mal pensamiento.

Me recordaba mucho a la sensación que me producían los zapatos de plataforma o a las hombreras que usé en los años ochenta cuando miro las fotos y me pregunto cómo era posible que yo me sintiera divina con algo tan antiestético. Ésa era la sensación que tenía al volver a verlo. Como si el amor fuera cuestión de moda y el corazón un diseñador cualquiera que se encargara de imponer las últimas tendencias cuando lo consideraba necesario. Mi ex había quedado reducido a un par de zapatos de plataforma o unas hombreras que me sobraban, o lo que es peor, a ese famoso corte de pelo al estilo de un muñeco horroroso llamado Alf. Todo eso lo había usado, todo eso me lo había puesto encima, pero igual pensaba que era una época de la moda que no quería que regresara y lo mismo me pasaba con mi ex.

Viéndolo sentado frente a mí, no podía dejar de preguntarme qué me hizo sentir que era el hombre perfecto. Pero de eso se trata el amor, de vestir de color de rosa a quien no es la persona adecuada. Definitivamente, el amor es un pésimo consejero y las hormonas unas ingratas. ¿Cómo se podía sentir tanto deseo y amor por alguien para después no sentir nada? Hubo una época en que eso me hubiera parecido imposible. Recordaba las veces que viendo una película, nos parecía irreal que una pareja se separara civilizadamente después de haberse amado mucho.

—¿Tú crees que eso nos pueda pasar a nosotros? —Le preguntaba yo.

—No, claro que no. Yo nunca podría sentarme en un restaurante para despedirme de ti y menos con esa frialdad. Además, no seas negativa, eso no nos va a pasar a nosotros, nos queremos demasiado.

Pero allí estábamos, sentados en la mesa de un restaurante en lo que sería nuestro último encuentro como pareja. Exactamente el lugar donde nunca pensamos estar. Pensaba: no es que la vida dé muchas vueltas, sino que no avisa cuándo va a darlas. La próxima vez que nos veríamos sería fruto de la casualidad. ¡Qué ironía!, hace apenas unos dos años el hecho de saber que se iría de viaje hacía que me doliera todo el cuerpo, no concebía la vida sin él. Y allí estábamos, hablando de temas sin importancia y con el fantasma del amor parado a nuestras espaldas. Nos habíamos convertido en una estadística más y la tristeza me invadió hasta los huesos.

Nos pusimos a llorar como chiquitos y con un último abrazo le dijimos adiós a todos nuestros sueños, a los viajes que nunca llegamos a realizar, a las metas que queríamos alcanzar, a los hijos que nunca llegaron, al amor que no sabíamos en qué se nos había convertido y a ese pequeño mundo que con tanta ilusión creamos el uno para el otro.

Con un simple "adiós, amor" me despedí de una etapa de mi vida en la que tuve la dicha de ser feliz. Ya no tenía fuerzas para seguir alimentando el dolor y el rencor. La nostalgia se había apoderado de la añoranza, ya no veía el ayer como una pérdida de tiempo y no quería olvidarlo. Quería recordarlo como algo que fue hermoso mientras duró. De él nunca tendría nada malo qué decir, porque hasta le agradecía el que me hubiera amado tanto como para pararse frente a un altar y jurarme amor eterno. No podía renegar de alguien a quien yo también había amado y que significó tanto en su tiempo. No me importaba que la gente esperara de mí comentarios feos de mi ex. Es más, me ofendía que los demás se dieran a la tarea de despotricar en contra de sus ex y mucho más cuando seguían siendo los padres de sus hijos. No, yo no me había equivocado de persona, en su momento elegí bien. Sólo que la gente cambia, cambian sus necesidades emocionales y con ellas se va el amor.

Había aprendido a querer mi pasado y a mi ex con el cariño que se le tiene a las cosas que se nos han ido, con la resignación del que ya no quiere ni necesita encontrar respuestas. Quería enterrar mi matrimonio de la misma forma en que se entierra a un ser querido y guardar de él mi mejor recuerdo. Sí, mi muerto estaba parado y no existía una ceremonia decorosa que dedicarle. No había flores, ni amigos, ni invitaciones, ni una marcha divorcional, ni un vestido especial, pero tenía un anillo que simbolizaba esa unión. En una ceremonia íntima, dedicada a mí, tomé el anillo, lo llevé con un joyero y le pedí que le cambiara el estilo y en la parte de adentro le grabara la fecha de mi divorcio. Esa argolla sería el símbolo de lo que fue y el recuerdo de un gran amor. Al fin y al cabo, el pasado es sólo eso, un eterno recordar.

11. Hay que ponerle camisa de fuerza

Lo sentí palpitar nuevamente. En un principio no reconocí la sensación, sabía que ya la había vivido, pero no lograba identificarla. Como pasa con el olor de los perfumes, me remonté a la época de mi primer amor. Sí, mi corazón parecía haberse empeñado en probar fortuna nuevamente. Y es que el corazón no entiende de razones. No sé quien dijo esta frase, pero definitivamente el corazón sabe de apetitos y no de razones.

El mío había pasado por una intoxicación y un ayuno que, aparentemente, no le enseñaron nada. Él decidió, sin consultarme, que ya era hora de volver a jugar. Como si yo estuviera pintada en la pared. Que tenía peor memoria que la mía, era un hecho ineludible, porque a él se le había olvidado todo lo que pasamos y las promesas que nos hicimos de esperar un tiempo prudencial.

Siempre me he preguntado si realmente será el corazón quien rige las cuestiones sentimentales o si son más bien las hormonas. Si la cosa es cuestión de hormonas, considero que ya es hora de que se inventen pastillas para el mal de amor. Así como existen medicamentos para controlar los problemas de tiroides y de menopausia, debería existir algo para calmar esas palpitaciones, las mariposas en el estómago y los sudores repentinos que te hacen parecer un caballo de carreras. Cualquier tratamiento que no tenga nada que ver con razonamientos, porque es muy difícil competir contra un desequilibrio de esta categoría con simples frases como "esto ya te pasó, ten cuidado". El problema aquí no se iba a solucionar con un alka seltzer o respirando en una bosa de papel para calmar esta deliciosa ansiedad. Esto era tan grave que ni las medicinas vendidas con receta médica surtirían efecto, porque después de haber pasado por un divorcio, creo que un tratamiento siquiátrico es lo más recomendable. Tenía que estar loca para dejarme llevar por mi corazón sin por lo menos intentar darle la guerra. Me daban ganas de meterlo en una camisa de fuerza hasta que recobrara la cordura o, al menos, hasta que me fuera posible razonar con él. Pero sabía que no me serviría de nada; desde que lo sentí latir y actuar como adolescente descarriado, supe que no era un aviso, sino una confirmación. Mi corazón había decidido ignorar a su inquilino del *pent house* como tantas veces, y su única explicación era que estaba cansado de que el "inquilino" tuviera siempre la razón.

—Pero es que la tiene, corazón. Y tú debes ser consciente de que no eres muy confiable para estas cosas.

—No, no la tiene. Lo que pasa es que vive amargado y como está arriba se cree Dios.

—Pero es que si tú decides tomar el mando ahora, va a pasar lo que mucha gente nos ha dicho y por lo que las mujeres divorciadas tiene tan mala fama. Te vas a volver loco y lo peor que es la mala famita la cargaré yo.

—Te estás equivocando de órgano, la que nos da la mala fama es la vagina, no soy yo.

Tenía razón, pero la vagina ante el despertar del corazón y de las hormonas, estaba más puesta que un calcetín para empezar a trabajar nuevamente.

La cosa se ponía color de hormiga porque si antes todas mis hadas madrinas se habían confabulado en mi contra, ahora mi propio cuerpo entraba en una huelga contra la inercia amorosa. Mi cabeza decía no, no seas tonta, ya estuviste ahí y no hay ninguna necesidad de probar nuevamente lo que ya salió mal. Mi corazón era de la opinión de que había que entrarle al asunto, con mucho cuidado, pero probar fortuna de nuevo. Mis hormonas ni entendían lo que pasaba, se dedicaban a revolotear dentro de mí en una fiesta con fuegos artificiales incluidos y mi vagina simplemente esperaba ansiosa la orden de salida.

Era como una chiquilla y hasta se me olvidó que tenía treinta años. No estaba para estos menesteres y emociones tan fuertes. A lo mejor hasta confundía los síntomas y los latidos de mi corazón no eran más que una pequeña taquicardia; las mariposas en el estómago señales de que mi divorcio me había producido gastritis con úlcera y los sudores podían estar más cerca de una menopausia prematura. Me negaba a creer que nuevamente me estaba enamorando, pero no cabía la menor duda. Lo único que podía hacer era tomar las cosas con calma y no dejar que el loco de mi corazón agarrara las riendas del asunto y, mucho menos, que se pusiera de acuerdo con mis hormonas porque entonces la caída sería inevitable.

No era fácil, nadie puede explicar hasta el día de hoy, por mucho que se conozca de hormonas y rollos cerebrales, qué pasa en nuestros cuerpos cuando llega el amor. No hay nada que te explique las razones por las que una persona en especial te hace sentir de esa manera y otros te dejan fría. Tenía un miedo incontrolable a volverme a equivocar y por más que intentaba, no podía desprenderme de la desconfianza y del temor a que me volvieran a herir. Por última vez, decidí buscar apoyo en uno de mis socios del club de divorciados.

—¿Qué hago? Creo que estoy a punto de caer en el mismo lío.

—¿Cómo que qué haces? Dejarte llevar.

—Pero eso sería ir en contra de todas las cosas que me propuse. No quiero volver a sufrir y yo me prometí que esto no me volvería a pasar tan rápido. Es más, estoy segura de que mi mamá va a pensar que no he guardado el suficiente luto.

—Mi vida, tu corazón ya decidió por ti y no hay mamá ni muerto que lo detenga. Además, si no lo intentas, no vas a saber si valía la pena. A lo mejor te está llegando el hombre de tu vida y el luto ha terminado para ti.

Bueno, cada uno hace el duelo a su manera. Hay personas para las que los procesos son más largos y otras para quienes son más cortos. Y en esto del luto al muerto parado, la cuestión también era muy parecida. Si me estaba apresurando, podía considerarse que estaba en etapa de "consideración". Sí, al igual que los países donde cuando muere alguien, uno se viste de negro cerrado al principio; después, pasa a una etapa llamada de consideración en la que sigue de luto, pero ya se pueden usar colores como el blanco y beige, hasta llegar al desluto total, donde los colores vuelven a formar parte del vestuario. Si yo me encontraba en esa etapa de transición, no pasaba nada, igual la debía disfrutar sin pensar que todo en mi vida debía tener un carácter definitivo. Al fin y al cabo, el *definitivismo* te lo da el tiempo, no el momento.

Además, estaba ante una nueva confabulación. Esta vez para hacerme regresar a las lides del amor. Ya no encontraba en la cara de mis amigos y familiares esa expresión de "pobrecita, ¿cuándo volverá a ser feliz?", que tanto odiaba. Y aunque me había sido muy difícil hacerles entender que era feliz, sólo que sola, ante los embates de mi corazón todos cambiaron a una expresión en la que se mezclaban la complicidad y la idiotez.

Lo más triste es que a mí me estaba pasando lo mismo y me envolvía en mi colcha de plumas no para llorar, sino para regocijarme con mis recién estrenados recuerdos. Se me había olvidado lo hermoso y delicioso que es sentirse querido, tener a alguien que llene tu vida, el simple hecho de saber que alguien piensa y se preocupa por ti. Era un error pensar que al amor se le pueden poner tiempos cuando tanta falta nos hace. Él llega cuando quiere, sin avisar y su llegada es la prueba ineludible de que estas lista para volver a empezar.

Decidí darle una nueva oportunidad a este sentimiento con la certeza de que una mala experiencia no es la definitiva. Con la madurez que te da, no la edad, sino el sufrimiento. Además, había comprobado en carne propia que el dolor se va, y la ilusión regresa intacta. Si logré sobrevivir un divorcio con todas sus implicaciones, cualquier otra pena de amor no sería la que me mataría. Era una veterana de las guerras del amor marcada con las heridas del desamor . Ya no era una niña en busca del hombre de sus sueños, era una mujer en busca de alguien que fuera capaz de hacérselos realidad.

Impreso en los Estados Unidos
por HCI Printing & Publishing
en octubre de 2006

```
              HWALW SP
                    306
                    .893
                    R696
                    2006
RODRIGUEZ, ROSAURA
     BIENVENIDA AL CLUB DEL
     DIVORCIO
WALTER
10/07
```